선영사
Sun Young Publishing Co.

Sun Young Publishing Co.

독일 상인의 성공하는 기질 74가지 방법

미래경제연구회/김정우 지음

머 리 말

　1989년 11월 9일 밤에 베를린 장벽이 무너졌을 때 전세계인들은 그 역사적인 장면을 축복으로 맞이했다. 물론 우리 한민족도 마찬 가지였다.

　하지만 우리 한민족이 본 그 때 그 장면은 부러움 반, 시기심 반 이 아니었을까? 아무튼 착잡한 기분은 그 누구나 들었을 것이다. 단언하건대 독일의 통일은 구서독의 경제력 때문이었다. 이것은 그 누구도 부인할 수 없는 역사의 현실이다.

　그렇다면 남북 통일을 바라는 우리로서는 과연 어떻게 대처해야 할 것인가? 한마디로 말해 무조건 한국의 경제력을 키우는 것만이 통일을 앞당길 것이다.

　그런데 현실은 과연 어떠한가? IMF의 한파가 미처 가시기도 전 에 과소비는 다시 늘어나고, 부질없는 여행객들로 김포 공항이 터 질 지경이다. 이래서야 통일은커녕 빈부 격차에 의한 불만으로 사 회는 뒤숭숭해지고, 못된 지역 감정까지 다시 활기를 띨 것은 불을 보듯 뻔하다.

독일은 제2차 세계대전 이후, 잿더미에서 다시 일어나, 경제 규모 면에서나 사회 복지면 등에서 세계 초강국으로 일어섰다. 물론 이 같은 결과는 전후 에르하르트에 의해 이룩된 '라인 강의 기적'에 비롯되었지만, 그 밑바탕에는 독일 국민들의 특유한 국민 정신이 있다고 말할 수 있을 것이다. 효율성·조직력·규율·청결성·정확성, 이런 것들은 독일인들의 장점인 동시에 자랑이다.

독일은 정밀성과 질서를 무엇보다도 중시하는 사회로서 개인의 업적에 큰 비중을 두고 있다. 그것은 적절한 훈련에서 시작된다.

독일의 기업 도제 제도(徒弟制度 : 중세의 길드에서, 수공업자가 도제를 주던 제도인데, 도제란 어려서부터 스승에게 작업에 필요한 지식·기능 등을 배우는 직공을 가리킴)의 전통은 멀리 14세기로 올라간다. 당시 종교 개혁의 선봉자였던 마틴 루터는 '소명'에 관해 명쾌하게 언급했다. 소명이란 하나님께서 인간 개인에게 주신 직업으로, 사람은 의무적으로 자신의 직업에 최선을 다해야 한다는 것이었다. 그 결과 독일인들은 세계에서 가장 숙련된 노동자가 되었다.

광범위한 도제 제도와 재훈련 프로그램은 젊은이들의 실업률을 현저히 낮추고 있으며, 품질을 보증하는 데 있어서도 매우 중요한 요소가 된다.

독일의 기업들은 강력한 경쟁력으로 세계 시장을 석권하고 있으며, 무엇보다도 품질의 우수성은 자타가 공인하는 최고의 강점이다. 그리고 우리는 여기서 독일이 경제 대국으로서의 성장과 수출, 또한 많은 일자리를 창출하고 있는 중심 역할은 무수한 중소 기업들이 만들어낸다는 사실을 알아야 할 것이다.

남북 통일은 염원하고 있는 우리로서는 독일의 통일과 그 과정에서 파생된 여러 문제들을 분석하고 검토함으로써 장차 맞이하게 될 통일 시대를 준비해야 한다. 그 지침서로 독일의 상인 정신과 그 역사성을 미흡하나마 엮었으니 조금이라도 참고가 되었으면 하는 것이 필자의 소망이다.

독일 상인의 성공하는 기질 74가지 방법

독일 상인의 성공하는 기질 74가지 방법

독일 상인의 성공하는 기질 74가지 방법

제3부 독일 경제의 원천, 중소 기업

독일 상인의 성공하는 기질 74가지 방법

독일 상인의 성공하는 기질 74가지 방법

제4부 독일의 통일과 후유증

제 **1** 부
세계화 속의 독일 상인

1
대를 이은 크루프 가의 꿈

1826년 가을, 에센 시의 크루프 가는 아주 비참한 상태에 빠져 있었다. 철강업자인 프리드리히 크루프가 39세의 한창 나이에 산더미 같은 빚을 남기고 세상을 떠났기 때문이다.

졸지에 과부가 된 아내와 뒷날 대포왕으로 전세계에 그 명성을 떨친 14세의 장남 알프레드를 비롯한 3명의 자식들은 당장 먹고 살 길이 문제였다. 하지만 강인한 크루프 가의 피를 물려받은 그들은 결코 좌절하지 않았다.

크루프 가는 루르 강변에 위치한 에센 시에서는 꽤 오래 된 집안이었다. 초대 알프레드 크루프로부터 7대째에 이른 크루프 가의 문장은 뱀이었다. 그래서일까? '뱀처럼 총명하다'는 격언처럼 크루프 가는 대대로 이 총명함을 밑천으로 장사에 열심이었다.

에센은 19세기 초에는 인구 5천 명이 못 되는 작은 도시였지만, 크루프 가의 4대째인 아르노르트는 시장을 역임하기도 했다. 물론 수세대를 거치면서 다소 부침은 있었지만, 프리드리히가 태어난 1787년경에는 에센에서 가장 부유한 가문 중 하나였다.

프리드리히가 두 번째 생일을 맞으려 할 때, 이웃 나라 프랑스에서는 혁명이 일어났다. 당시 프로이센 령인 에센에는 프랑스에서 도망쳐 온 망명자로 넘쳐 흘러 온 시가가 술렁거렸다.

이윽고 나폴레옹 군이 침입해 왔다.

프리드리히의 생애는 이러한 격동기의 파도와 맞물려 잠시도 평온한 날이 없었다.

프리드리히는 20세의 생일날에 할머니로부터 물려받은 제철소의 경영에서 큰 손해를 보았다. 그 뒤에 네덜란드 상인으로부터 커피·설탕 등의 밀수에 손을 댔지만 그것도 잘 되지 않았다. 그러나 크루프 가의 피를 이어받은 프리드리히의 사업욕은 시대가 불안하면 불안할수록 더욱 높아만 갔다.

당시 유럽에서는 나폴레옹이 영국의 상품이 대륙에 들어오지 못하도록 대륙 봉쇄령이 실시되고 있었다. 그래서 영국제 강철의 수입이 전면 금지되었다. 이것이 프리드리히의 야심을 부채질했다.

'이 기회에 독일산 강철을 만들어내자! 다행히 에센 주위에는 석탄과 철광석 등 지하 자원이 풍부하게 있지 않은가.'

마침 할머니로부터 유산을 받았기 때문에 그것을 몽땅 투자해 주철 공장을 건설했다. 1811년 11월 20일이었다. 이것이 훗날 세계의 제철업을 주도하는 독일 제철업의 초석이 되었다.

다음 해에는 장남 알프레드가 태어났고, 1813년부터 2년간 시의 참사 회원도 역임하는 등 청년 사업가 프리드리히에게는 모든 것이 순풍에 돛단 것처럼 잘 풀려나갔다. 유럽 각국에 크루프 가의 공장이 만든 강철을 공급하려는 그의 포부는 더욱 팽창했다.

그러나 시대는 빠르게 변화하는 법. 1815년, 유럽 대륙을 풍미하던 풍운아 나폴레옹이 몰락했다. 그러자 영국의 강철이 다시 물밀듯이 독일로 밀려왔다. 이것은 초창기의 크루프 공장으로서는 큰 타격이 아닐 수 없었다.

크루프 공장의 주요 제품은 원재료인 강철을 비롯해 기계·공구·가위 등에 한정되어 있었다. 따라서 그 무렵의 공장 사정은 프로이센 정부가 총검을 만드는 데 사용하는 강철을 조금 주문하거나, 프로이센 조폐국으로부터 경화를 만드는 주형용 강철의 주문을 받기도 했지만, 경영은 점점 악화되었다.

그런데도 프리드리히의 꿈은 꺾이지 않았다. 질 좋은 강철을 만들면 된다고 굳게 믿어 사돈의 팔촌까지 돈을 융통해 에센 시 교외에 새 공장을 세웠다.

그것이 결정적인 실패의 큰 원인이 되었다. 영국이 산업 혁명을 완성한 1825년경, 독일의 산업은 아직도 수공업 수준을 벗어나지 못하고 있었다. 또한 국토는 35개의 독립된 왕국이나 공국으로 나뉘어져 있었다. 이러한 상황이니 산업이 발달할 수 없는 것은 당연했다. 한마디로 말해 프리드리히의 꿈이 현실화되기 위한 조건은 아직 독일에 무르익지 않았던 것이다.

장남인 알프레드는 13세 때 학교를 그만두고 아버지의 공장에서 일하기 시작했다. 그리고 아버지가 마치 자신의 공장에서 만들어내는 강철 같은 냉엄한 역사의 벽에 막혀 쓰러지는 것을 두 눈으로 똑똑히 목격했다.

알프레드는 여기서 철강업의 꿈을 훨훨 털어 버리는 길도 있었을 것이다. 왜냐 하면 공장에 남은 것은 산더미 같은 부채와 단 두 명의 종업원뿐이었기 때문이었다.

그러나 알프레드는 아버지가 좌절한 그 길을 굳이 택했다. 그는 훗날 다음과 같이 회상하고 있다.

"낮에는 일하고, 밤에는 어떻게 하면 이 곤경에서 벗어날 것인가를 생각하느라고 새벽녘에야 겨우 잠이 들었다. 감자와 버터 바른 빵만 먹으면서 지냈다. 고기나 생선 같은 것은 명절 때나 겨우 먹을 수 있었다. 그렇게 25년간을 나는 참으며 살아왔다."

2
대포왕 크루프

1851년, 런던의 하이드 파크에 세워진 수정궁에서 제1회 만국 박람회가 열렸다. 태양이 지지 않는다는 대영제국의 국력을 바탕으로, 생산과 기술의 힘을 온 세계에 과시하려고 개최한 이 만국 박람회에, 알프레드 크루프는 강렬한 인상을 심어주기에 충분한 한 제품을 출품했다.

그것은 강철 포신을 가진 6파운드짜리 대포였다. 이 대포는 물푸레나무로 만든 수레에 실려 있었고, 특수강으로 만든 10파운드 무게의 갑옷이 이것을 둘러싸고 있었다.

강철 대포는 단숨에 관람객들의 시선을 사로잡았다. 그리고 박람회 최고의 영예인 금상이 이 대포에 주어져 그 때까지 무명에 가까운 프로이센의 크루프 사가 공업 대국 영국을 누르고 일약 세계의 주목을 받게 되었다.

대포를 살 사람은 나타나지 않았지만, '평화'의 상품이 아닌 '전쟁'의 상품을 출품한 알프레드의 선견지명은 곧 입증된다. 알프레드를 '죽음의 상인'으로 올라서게 한 힘은 아버지 프리드리히를 패배시킨 것과 같은 역사의 힘이며, 군국주의 국가로서 발전하는 독일, 아니 아직은 통일 전의 프로이센의 힘이었다.

독일에 처음으로 철도가 부설된 것은 1835년이다. 뉘른베르크와 휼트 간의 7킬로미터를 아들러 호가 최초로 달렸다.

스톡턴과 다링턴 사이를 영국 최초의 증기 기관차가 달린 것이 1825년이었으니까, 후진국으로 남아 있던 독일에 철도가 도입된 것은 의외로 빨랐다고 볼 수 있다. 알프레드는 뛸 듯이 기뻐했다.

"새로운 미래가 우리 앞에 열렸다. 이제야 우리는 강철의 시대에 살고 있는 것이다."

철도는 틀림없이 확대될 것이며, 강철은 기관차·차륜·레일 등 모든 곳에 필요하게 될 것이라고 알프레드는 굳게 믿고 있었던 것이다. 그리고 철도의 개통 전해인 1834년, 역사적인 독일 관세 동맹이 결성되었다. 경제학자인 프리드리히 리스트는 일찍이 탄식한 바 있다.

"함부르크에서 오스트리아, 베를린에서 스위스로 통상을 하기 위해서는 10개국을 거쳐야 하고, 10개의 관세 제도를 배워야 하고, 10번이나 통과 관세를 지불해야 한다."

그런데 이제 가맹한 15개국에 한해서만큼은 이런 난관이 해소되었다. 물론 관세 동맹한 국가는 프로이센이었다.

알프레드는 관세 동맹이 체결되자 난생 처음으로 에센을 떠나 남부 독일과 중부 독일로 3개월간의 여행길에 나섰다. 그리고 여행을 마치고 귀향했을 때는 조그만 그의 공장으로서는 벅찰 정도의 많은 주문을 받아 왔다. 그 다음 해에는 직공이 45명으로 늘었다. 따라서 크루프의 공장이 수력이 아닌 증기 기관을 동력으로 쓴 것은 이 때부터였다.

1838년부터 39년에 걸쳐 알프레드는 신분을 숨긴 채 15개월간 해외 여행에 나섰다. 가명은 슈로프라 칭했다. 가명을 쓴 데에는 그만한 이유가 있었다. 그는 선진국 영국의 강철 제조의 비결을 알아내고, 크루프 공장이 제조하는 소형 압연기의 판로를 프랑스에 개척하는 것이 목적이었기 때문이다. 그는 마침내 그 비결을 알아냈을 뿐만 아니라, 영국의 몇몇 공장에 있는 기계의 배치 등을 상세히 파악한 뒤 동생에게 전했다. 그리고 파리에서는 사회주의자 블랑키가 조직한 비밀 결사의 5월 폭동(1839년)을 목격했다. 알프레드는 동생에게 보낸 편지에 그 일을 이렇게 묘사하고 있다.

'어제 파리에서는 혁명이 일어났다. 만약 그것이 우리의 사업을 활성화시킨다면 그들이 아무리 치고받아도 상관할 필요가 없다. 지금 나로서는 모든 것이 만족할 만하다…….'

당시의 유럽은 온통 '정치의 계절'로 접어들고 있었다. 영국에서도 '차티스트 운동'이라 부르는 노동자의 참정권 획득 운동이 1838년부터 시작되었다. 이 때부터 노동 운동과 정치의 관계가 밀접해진 것이다.

독일은 이런 면에서도 영국이나 프랑스에는 뒤졌는데, 이윽고 노동자의 파업이 각지에서 일어났다. 그런 혼란 중에 알프레드의 신조는 정치와 산업을 혼동하지 않고, 사업가는 정치에 관계하지 않는다는 것이었다. 정경 유착이라는 단어는 그의 사전에 존재하지 않았던 것이다. 그의 머릿속을 차지하고 있는 것은 첫째도, 둘째도 사업이었다. 한마디로 혁명 덕분에 사업이 번창한다면 그것도 좋다는 식이었다. 이런 사고 방식은 전쟁 덕분에 사업이 번창한다면 그것도 환영한다는 크루프 가의 신조로 쉽게 이어지는 것이다.

화폐의 주형이나 은 스푼과 포크를 양산할 수 있는 실린더·압연기 등을 제조하는 크루프 공장이 처음으로 강철제 총을 만든 것은 1843년이었다. 총을 만들자마자 알프레드는 견본품을 즉시 프로이센 육군 본부에 보내어, 필요하다면 강철 대포로 만들 수 있다고 장담하였다. 그런데 육군 대신은 지금 이대로가 좋다고 쌀쌀맞게 알프레드의 제안을 거절했다. 하지만 쉽게 단념하지 않았다. 이윽고 알프레드는 4년 후인 1847년에 강철제 대포 견본을 다시 군당국에 보냈다.

하지만 그 견본품은 2년간이나 창고에 방치된 뒤에야 겨우 검사되었다. 그 결과, 지금까지의 그 어떤 대포보다도 견고하다는 것이 밝혀졌지만, 그래도 군당국은 종래의 것을 개량할 필요가 없다고 거절했다. 물론 거절한 이유 중에는 가격이 비쌌던 탓도 있었을 것이다.

'좋아, 그렇다면…….'

알프레드는 오기가 치밀어 프로이센 국왕에게 강철 대포를 직접 선물했다. 왕은 이 선물을 받자 크게 기뻐하고 왕궁의 객실에 전시한 뒤 내빈에게 보여 주었다. PR이야말로 상품 판매의 최대 무기라는 것을 알프레드는 19세기 중반에 처음 행동으로 보인 것이다.

프로이센 육군성이 크루프 제 강철 대포를 병기고 구석에 처박아 둔 1848년 3월, 유럽 전역에 불던 혁명의 태풍이 독일에도 덮쳤다. 그 목적은 독일의 통일과 입헌 정치 확립에 있었다.

이에 라인·루르 지방의 실업가들은 자신의 이익이 되는 개혁을 기대하여 이 혁명을 적극 지지했다. 그러나 알프레드는 혁명에 조금도 동요하지 않았다. 그뿐만 아니라 당시 경제 불황의 여파도 있었다. 그리고 크루프 공장의 종업원은 100명도 안 되었다. 그는 직공들에게 공장 밖의 사건에는 어떠한 일에도 말려들지 말고 오로지 공장 일만 열심히 하라고 단속했다.

이 때 에센보다 훨씬 동쪽에 위치한 엔하우젠에서 보수주의자 융커 계급인 오토 폰 비스마르크가 베를린의 폭도를 때려부수자고 청년들을 선동하여 독일 전체가 시끌버끌하였다.

비스마르크와 알프레드가 의기 투합할 때는 머지않아 오지만 아직 기회가 닿지 않아 서로 모른 채 각자의 길을 가고 있었다. 이를테면 비스마르크는 정치가의 길을, 알프레드는 사업가의 길을.

알프레드가 런던 만국 박람회의 출품작으로 하룻밤 사이에 유명 인사가 된 1851년, 비스마르크는 독일 연방 의회(1851년)의 프로이센 대표로 프랑크푸르트에 파견된다.

이 두 사람이 맺어진 후로부터 10년 뒤인 1861년, 프로이센의 새 국왕으로 즉위한 사람은 빌헬름 1세였다. 빌헬름은 아직 섭정이었던 1859년, 형인 프리드리히 빌헬름 4세에게 강철 대포를 선물한 알프레드의 공장을 친히 방문했다. 군인 정신으로 무장된 빌헬름은 당장 300문이라는 대량의 대포를 크루프 공장에 주문했다.

빌헬름은 즉위 후, 곧바로 프랑스 주재 대사인 비스마르크를 수상으로 임명했다. 빌헬름 1세·비스마르크·알프레드 크루프, 이 3인은 이제야 프로이센을 중심으로 한 독일 통일의 길로 매진하기 시작한다.

"현재의 큰 문제는 언론이나 다수결에 의해서가 아니라, 철과 피로써만 해결할 수 있다."

그 유명한 연설대로 비스마르크는 예산 없이도 군비를 확장하겠다는 뜻을 밝히고, 그 뒤 4년간 그것을 실행했다. 그 무렵 세간에서는 비스마르크에게 '철혈 재상'이라는 별명을 붙이고 존경과 공포감을 동시에 느끼고 있었다.

비스마르크는 에센의 알프레드 크루프를 방문하였고, 마침내 두 사람은 죽마고우처럼 의기 투합했다. 이러한 배경으로 크루프 공장은 영국의 헨리 벳세머가 발명한 새로운 제강 기술을 채택하여 사업이 급속하게 성장했다.

죽은 아버지의 뒤를 이었을 당시의 직공은 단 2명뿐이었지만, 1859년에는 1,500명, 1861년에는 2,000명, 1863년에는 4,000명, 1865년에는 8,000명으로 늘었다. 그리고 프로이센뿐만 아니라 전쟁에 대비해 군비 확장에 힘쓰는 러시아·프랑스·영국·오스트리아 등 외국으로부터의 대포 주문에도 응했다.

외국에 대포를 판매하는 것은 사업을 확장시킬 뿐만 아니라, 프로이센에 파는 조건에도 유리하게 작용했다. 프로이센 육군 장관이 국내의 철강업자 모두에게 대포의 경쟁 입찰을 결정했을 때, 크루프는 다음과 같은 편지를 육군성으로 보냈다.

'만약 크루프 이외의 철강업자에게 1문이라도 주문을 받는다면 우리 회사는 즉시 전세계에 대해 그들이 바라고 있는 대포를 팔 것입니다.'

알프레드는 자신의 제품은 어느 곳에나 팔 권리가 있다고 주장하는 한편, 프로이센은 자신의 대포만을 사야 한다는 괴상한 이론을 들고나왔던 것이다. 베를린의 한 신문은 이런 알프레드에게 '대포왕'이라는 조롱 섞인 닉네임을 헌성했는데, 본인은 이 칭호를 아주 마음에 들어했다.

알프레드는 이음새가 없는 3개의 차륜을 짜맞춘 도안을 택해 크루프 사의 마크로 삼았다. 올림픽의 오륜 마크를 반으로 자른 것 같은 이 마크는 지금도 독일에 있는 이 회사의 마크인데, 3문의 대포 구멍을 짜맞춘 도안으로 볼 수도 있어 평화주의자들의 좋은 공격 목표가 되곤 했다.

1867년, 비스마르크는 오스트리아를 제외한 마인 강 이북의 22개 나라를 합쳐 북독일 연방을 성립시켰다. 그리고 이 해에 프랑스 황제 나폴레옹 3세는 파리 만국 박람회를 열었다.

알프레드는 이 만국 박람회에 괴물 같은 대포를 출품하여 사람들의 눈을 휘둥그래지게 만들었다. 그는 나폴레옹에게 편지를 보내 이 거포의 상담을 제의했다.

그러나 10년 전에 프로이센 군부가 그러했듯이 프랑스 육군성도 대포의 구입을 반대했다. 이 때 프랑스 군의 장비는 크루프 제 후장총과 강철 대포로 무장된 프로이센 군에 비해 30% 정도는 뒤떨어져 있었다.

1870년 7월, 프랑스는 비스마르크의 책략에 말려들어 북독일 연방에 선전 포고를 했으나, 반 년 뒤에 비참한 항복을 했다. 그리고 1871년 1월 18일, 베르사유 궁전의 커다란 '거울의 방'에서 남독일의 4개국을 참가시킨 독일제국의 탄생이 선포되었고, 빌헬름 1세가 황제로 즉위했다.

이 독일제국의 성립 뒤에는 크루프 가의 대포가 큰 힘이 되었음은 물론이다. 그리고 크루프 가의 운명은 독일의 운명과 더욱 밀착되어 갔던 것이다.

3
함께 일하는 사람들

독일 기업의 압도적 다수는 중소 기업이다. 중소 기업은 또 오랜 전통을 자랑하는 가족 기업이기도 하다. 따라서 기업주와 종업원은 대체로 친밀한 관계를 유지한다. 대부분의 기업주들은 젊은 시절에 사장인 아버지 밑에서 직접 말단 종업원으로 일해 본 사람들이기 때문에 생산과 영업이 어떻게 돌아가는지 정확하게 파악하고 있다.

그래서 노사 관계도 다른 나라에 비해서 아주 좋은 편이다. 즉, 파업이 적다는 말이다. 노사 모두 서로 협력하는 동반자 관계를 잘 꾸리는 것이 얼마나 중요한지를 그들은 잘 안다.

사장에서 청소부까지 같은 회사에서 일하는 사람을 모두 통틀어 '직원(Mitarbeiter : 직역하면 함께 일하는 사람)'이라고 한다. 이것은 사회적 서열 대신 공통의 과제를 해결하기 위해 협력한다는 면을 강조하는 표현이다.

직장 생활에서 가장 중요한 것은 무엇보다 성실성과 전문성이다.

관련된 분야의 전문 교육을 받은 적이 없으면서 어떤 직업을 가진다는 것은 독일에서는 생각할 수 없는 일이다.

이러한 사회 여건을 감안해 볼 때 아마츄어는 어디서이고 출세할 기회를 잡기가 하늘의 별따기이다. 그리고 전문가도 자신의 전문 영역 밖에서는 일자리를 구하기가 어렵다.

이것은 중세기에 있었던 '길드' 조직이 아직도 영향력을 발휘하고 있다는 증거라고 볼 수도 있다. 길드는 철저하게 목공·유리공·재단공·철공·장갑공·제화공 등 직종별로 따로 조직하고 있었던 것이다.

예를 들면 목공이 하는 일에 유리공이 손을 대는 일은 엄격히 금지되어 있었다. 도시 주민들은 자신의 생활에 필요한 가내 수공업 범위 내에서만 작업할 수 있었으며, 의복이나 구두·재목 등을 외부로부터 반입하는 것도 금물이었다.

또한 상업 활동은 도시민만의 특권이었기 때문에, 시골에서는 무엇 하나 제작할 수가 없었다. 심지어 어떤 상품이 길드의 독점 상품으로 묶인 경우에는 이를 매매하는 것조차 금지되었다. 그러므로 지금도 전문성을 엄격히 따지는 것이 독일 사회라고 보면 된다.

사무실의 규칙 제1조는 '시간 엄수'이다. 물론 상사가 부하 직원들이 자기보다 먼저 나와서 나중에 퇴근하기를 은근히 바라는 것은 독일도 여느 나라와 다르지 않다. 그러나 독일인들은 퇴근 시간 만큼은 칼같이 지킨다. 늦게까지 남아서 일하면,

"일을 비효율적으로 하니까 그렇지."

라고 눈총을 받기가 십상이다.

회의나 토론회에서도 독일인들은 미리 정해진 일정표를 엄격하게 지킨다. 왜냐 하면 시간은 곧 돈이므로 낭비해서는 안 될 것이기 때문이다.

특히 야유회나 성탄절 축제·창사 기념일 등 직장 동료들과 함께 모이는 회사의 연례 행사에는 반드시 참석해야 한다. 하지만 그런 경우를 제외하면 직장 동료들끼리 퇴근 후에 만나서 노닥거리는 일은 별로 흔하지 않다.

그리고 직장에서 여는 파티는 공적인 행사이기 때문에 과음을 피하고 예의바른 행동을 취해야 한다.

4
중세 시대의 상인 집단

10세기부터 서유럽에는 상인 집단이 곳곳에서 활동했다. 그들은 무장 집단으로 구성되었으며, 활과 칼로 무장하여 상품을 실은 말과 마차를 호위하였다.

대상의 앞에는 언제나 기수가 행진했으며, '한자의 백(Hansgraf)'이나, '최연장자(Doyen)'라고 불리는 우두머리가 이 조합을 통솔했다.

이 조합은 성실 서약으로 서로 결합된 '형제들'로 구성되었다. 그들은 굳건한 연대 의식으로 단결되어 있었으므로 전체 집단이 활기를 띠었다.

상품은 공동으로 구매되고 판매되었으며, 이익은 조합에서의 각자의 출자에 의한 비율에 따라서 몫이 분배되었다. 이러한 집단들은 아주 먼 지역까지 여행했다.

그러나 이 시대의 상업은 국지적인 상업에 불과하고, 따라서 지방 시장에 국한된 것이라고 이해하는 것은 잘못이다. 왜냐 하면 10세기 말에 쾰른의 상인들은 정규적으로 런던 항을 드나들었기 때문이다.

중세 시대 경제의 특징은 바로 대상업, 다른 말로 표현하면 원격지 상업이었다. 중세 상인들로서는 이것이 큰 이익을 올릴 수 있는 유일한 수단이었다.

많은 이익을 올리기 위해서는 멀더라도 특정 상품이 풍부하게 생산되는 곳으로 가서 그 상품을 구입해 올 필요가 있었다. 반대로 그 상품을 비싸게 팔려면 그 상품이 귀한 먼 곳까지 가서 판매할 필요가 있었다.

상인들의 여행이 멀면 멀수록 그들에게 돌아오는 이익은 많았다. 그렇지만 상인들은 온갖 위험에 노출되어 있었다. 그 당시 상인들은 편력 생활의 고달픔·어려움·재난 등을 상쇄할 정도로 영리욕이 강했다.

중세의 상인들은 겨울철 이외에는 계속해서 편력했다. 12세기의 한 문헌은 이런 상인들을 '먼지투성이의 발'이라는 말로 실감나게 묘사하고 있다.

이렇게 편력하는 상인들은 이들의 이질적인 생활 방식 때문에 처음부터 농업 사회를 놀라게 했다. 그들은 농업 사회의 모든 관습에 맞지 않는 행동을 했다. 그러므로 농업 사회에는 그들을 위한 자리가 마련되어 있지 않았다.

그 결과 상인들은, 전통을 충실히 따르고, 각 계급의 역할과 등급을 고정하는 신분제를 존중하는 세계에, 어떤 사회적 신분으로 태어났느냐가 아니라, 오로지 지능과 정력을 갖고 있느냐에 따라서만 성공 여부가 결정되는 타산적이고 합리적인 활동을 초래하였다.

따라서 상인들이 배척을 받는 것은 당연했다. 귀족들은 어디서 왔는지도 모르는 이러한 벼락 부자들을 경멸했다.

그리고 귀족들은 출신 성분도 알려지지 않은 상인들이 부를 자랑하면서 거들먹거리는 것을 아니꼽게 보았다. 또한 상인들이 자신들보다 돈이 더 많은 것을 보고 화도 났다. 무엇보다도 귀족들은 경제적 어려움에 처할 때에는 이러한 신흥 부자의 지갑에 의존해야만 했기 때문에 굴욕감을 느꼈다.

이러한 상인들의 법적 신분은 당시 사회에서 아주 독특했다. 그들은 편력 생활을 했기 때문에 어디서나 이방인으로 여겨졌다. 그 누구도 이런 영원한 편력자들의 출신을 알 수가 없었다. 분명히 그들 중 다수는 농노인 부모 사이에서 태어나서 일찍 집을 떠나 모험을 시작했음에 틀림없을 것이다.

그러나 그들이 농노였음이 입증되기 전에는 그들을 농노라고 단정지을 수 없는 법이다. 법률은 당연히 어떤 주인에 종속되어 있지 않는 자를 자유민으로 취급했다. 간단히 말해서 농업 문명이 농민을 대체로 예속 신분으로 만들었듯이, 상업은 상인을 대체로 자유민으로 만들었다.

그래서 상인들은 영주 법정이나 장원 법정에서 재판받지 않고 공공 법정에서만 재판을 받았다. 즉, 공권력에 의해서 상인들은 보호를 받았던 것이다. 주요 도로에서의 치안 유지와 여행자의 보호 등 자신의 영역에서 평화와 공공 질서를 유지할 의무가 있던 지방의 제후들은 상인들을 적극 보호했다. 제후들의 이런 행위는 자신들이 그 권력을 탈취해 버린 국가의 전통을 지속하는 것에 불과했다.

하여튼 제후들은 그들의 영역에 많은 상인들을 유치하는 것에 이해 관계를 가지고 있었다. 왜냐 하면 상인들을 많이 유치하면 그만큼 그 지역은 활기를 띠게 되고, 따라서 중요한 세입원인 통행세를 많이 거둘 수가 있었기 때문이다.

그래서 연대기 작가들은, 11세기에 약탈당할 위험을 무릅쓰지 않고도 황금이 가득 찬 부대를 휴대하고 여행할 수 있는 지역들이 유럽 여러 곳에 있었다고 기술하고 있다.

5
아시아 시장 진출 전략

독일의 대표적 다국적 기업인 지멘스는 1994년 11월, 1년에 한 번씩 열리는 연례 정기 이사회를 싱가포르에서 개최했다. 정기 이사회를 독일이 아닌 해외에서 개최한 것은 150년이나 되는 회사 역사상 처음 있는 일이었다.

1993년까지 특별한 일이 없는 한 이사회는 독일 본토에서 개최한다는 것이 지멘스의 불문율이었다. 지멘스가 1세기 넘게 지켜온 이러한 불문율을 깨뜨리면서까지 싱가포르에서 정기 이사회를 열었다는 것은 특별한 일이 생겼다고 판단했기 때문이다. 그 일은 다름 아닌 아시아 시장 진출 전략을 마련하는 것이었다.

앞으로 세계 시장을 주도할 시장은 아시아이다. 따라서 아시아에 진출하는 것이 시급하며, 아시아 진출 전략의 성공 여부에 따라 회사의 흥망이 달려 있다는 것이 지멘스의 판단이었다.

이런 의미가 담긴 이사회인만큼 이사회에서 쏟아져 나온 아시아 전략도 가히 메가톤급이었다. 이를테면 2,000년까지 아시아에 대한 영업 비중을 1994년의 9%에서 20%로 늘리겠다는 것이 전략 내용의 골자이다. 전략 목표대로라면 아시아 지역의 매출액은 150억 달러로 늘어나게 된다. 이것은 1994년 말 실적인 50억 달러의 3배 수준이다.

지멘스는 아시아에 대한 투자 금액도 35억 달러로 늘리고, 현지 조달액도 50억 달러로 증가시키기로 확정했다. 지멘스가 이처럼 아시아에 대해 전력 투구키로 한 것은 물론 아시아 시장의 방대함 때문이다. 에너지·산업 기계·정보·통신·수송·교통·의료품·전구 등으로 구성된 지멘스의 사업은 경제 성장을 추구하는 아시아 국가들에게는 필수적이다. 또한 통신 시스템·발전 설비 프로젝트·교통 수송 프로젝트·공장 자동화 설비 등도 지멘스가 주력하는 부분이다.

아시아 지역에 진출하기 위한 지멘스의 전략은 철저히 스피드 경영에 그 주안점을 두고 있다. 즉, 아시아 지역 본부를 독립 채산제로 운영하겠다는 것이 단적인 예이다. 다시 말해 아시아의 지역 특수성을 감안하여 신속한 의사 결정과 연구 개발 및 판매를 실현할 수 있는 구조를 갖추겠다는 것이다.

이미 지멘스는 130여 년 전인 1860년에 중국에서 첫번째 계약을 체결했던 경험을 갖고 있을 정도로 아시아 시장과는 인연이 깊다. 이런 경험을 살린다면 아시아 시장도 경쟁자들보다 훨씬 빨리 선점할 수 있다는 것이 지멘스의 자신감이다.

특히 아시아 시장 중에서도 중국 시장 공격에 지멘스는 힘을 쏟고 있다. 중국에 이미 20개의 합작 회사를 설립한 데 이어 앞으로도 30개를 추가로 세울 계획이다.

　독일 화학 공업계 '빅3'의 하나인 휙스트도 세계화 전략의 일환으로 아시아 시장에 주력할 계획을 세워놓고 있다. 최근 아시아에서 화학 분야의 증가 추세는 서유럽의 3배, 미국의 2배에 달한다. 이런 추세라면 오는 2010년이 되면 화학 분야에서 아시아가 가장 큰 시장이 된다. 이 거대 시장을 간파한 휙스트는 2,000년까지 아시아에 25억 마르크를 투자하여 매출액의 20%를 이 지역에서 확보할 계획을 이미 발표한 바 있다.

　휙스트와 함께 '빅3'에 속하는 바스프도 예외는 아니다. 바스프는 중국에서 대단위 화학 공장 건설에 박차를 가하고 있다. 이미 3개의 합작 기업이 가동 중이며, 2개의 신설 합작 기업이 공장을 건설 중이다.

　바스프와 중국 양쯔 화학이 합작으로 설립한 양쯔 바스프 스티렌사는 에틸·벤젠 등으로부터 스티렌까지 일괄 생산할 수 있는 공장을 건설하고 있다. 상해에도 대단위 염료 공장이 건설되고 있다. 또한 비타민·나일론 등의 합작 공장도 설립을 추진하고 있다. 중국과 함께 유망 시장으로 손꼽히는 인도에도 바스프는 진출하고 있다. 인도 남서부의 방갈로드에 염료 공장이 건설 중에 있다.

　중소 기업의 경우도 예외는 아니다. 각종 전구를 생산하는 오스람 사의 경우를 보면 연간 54억 마르크에 달하는 매출액의 85%가 해외에서 벌어들이고 있는데, 오는 2,000년까지 아시아 시장의 매출

액을 100% 늘려 잡고 있다. 이는 전체 매출액의 14%에 달하는 수
치이다.

결론적으로 말해 독일 기업들은 아시아 시장 진출에 사활을 걸고
있다고 해도 과언은 아닌 것이다.

6
고급 차의 대명사 벤츠

벤츠는 세계 고급 차의 대명사로 불리고 있다. 정확하게 표현하자면 '메르세데스 벤츠'라고 불려야겠지만 흔히 벤츠로 통한다. 독일 내에서는 회사 창립자들의 활동 무대에 따라 슈투트가르트에서는 '다임러', 만하임에서는 '벤츠'로 불린다. 메르세데스라는 명칭은 다임러의 판매 대리인 에밀 엘리네크의 딸의 이름에서 유래되었다. 엘리네크는 1899년 니스 자동차 경주 대회에서 딸의 이름을 딴 다임러 차로 우승을 차지했다.

지금도 유명 기업인·정치인·연예인 들이 즐겨 찾는 승용차 가운데 벤츠가 빠지지 않는다. 실제로 벤츠의 최고급품 'S클래스 카'는 세계 고급 차 시장의 44%를 점령하고 있다.

벤츠의 명성은 어디에서 오는가? 이는 무엇보다도 자동차 생산의 오랜 경험에서 출발한다. 벤츠의 역사는 곧 110년에 걸친 자동차의 역사라고 해도 틀린 말은 아니다. 왜냐 하면 자동차의 아버지라고 일컬어지는 고틀리에프 다임러와, 당대의 라이벌 카를 벤츠의 기술과 정신이 이 회사를 탄생시켰기 때문이다.

따라서 다임러 벤츠 그룹이 1926년에 설립되었고, 메르세데스 벤츠는 훨씬 뒤인 1989년에 조직 개편으로 신설되었지만, 벤츠의 역사를 19세기 말로 거슬러 올라가는 데에는 이견이 없다. 브랜드의 인지도만 따진다면 모든 업적을 통들어 벤츠보다 더 세계화된 기업은 흔치 않을 것이다. 그런 면에서 보면 벤츠는 세계화에서 가장 앞서 나가는 기업이다.

그러나 벤츠의 생산 과정을 뜯어보면 전혀 그렇지 않다. 벤츠는 '순수 독일주의'를 고집하는 것으로 유명하다. 해외 생산 비율이 전체의 2%에 불과한 것이 단적인 예이다.

그래서 요즘 벤츠는 기업의 사활을 걸고 해외 시장으로 뛰어들고 있다. 최근에 이루어진 미국 크라이슬러와의 합작은 벤츠의 도약을 실증적으로 보여주고 있다.

'최상의 품질을 가진 가장 안전한 차.'

이것이 벤츠가 추구해 온 일관된 목표이다. 아무리 좋은 성능을 가진 자동차라도 안전성이 떨어지면 가치는 사라진다는 것이 벤츠의 철학이다.

물론 자동차 사고를 아예 없애는 것이 가장 이상적이다. 그러나 그럴 수 없는 현실 여건상 사고가 나더라도 피해를 최소화할 수 있어야만 진정한 고품격 자동차라는 것이다.

그래서 '세계 자동차의 역사이기도 한 벤츠의 역사는 곧 자동차

안정성 향상의 역사'로도 통한다. 사실 1960년대까지만 해도 고객들은 자동차의 안전성을 크게 고려하지 않았었다. 다만 성능이 얼마나 좋은지, 가격이 얼마나 싼지를 구입 기준으로 삼았다.

하지만 벤츠는 이런 시류에 영합하지 않고 꾸준히 안전성을 추구해 왔다. 사람들이 1억 원을 호가하는 벤츠를 망설임없이 선뜻 구입하는 것도 이런 노력의 결과이다.

벤츠는 1960년대 중반에 탑승자가 부상당한 자동차 사고를 모두 모아 체계적으로 분석했다. 그 결과로써 인명 피해가 난 교통 사고의 60%가 정면 충돌에 의한 것이라는 결론을 내렸다. 그 이후 벤츠 자동차에는 정면 충돌 때 인명 피해를 최소화할 수 있는 장치들이 세계 최초로 부착되었다. 자동차가 충돌할 때 앞부분이 구겨지도록 한다든지, 운전대가 부러지도록 하는 것 등이 대표적인 예이다.

벤츠가 정면 충돌 때 특히 안전하다고 입증된 것도 이런 노력이 있었기 때문이다.

지금은 필수품이 된 에어백도 벤츠의 작품이다. 벤츠는 1881년에 자동차업계에서는 처음으로 에어백을 선택 품목으로 제공했던 것이다. 앞으로 에어백을 넘어선 도어백도 조만간 선보일 예정이다. 측면 충돌 때 차문에서 에어백이 작동되어 인명 피해를 최소화하겠다는 계획이다.

우리에게 잘 알려진 미끄럼 방지 제동 장치 역시 벤츠의 개발품이다. 이 밖에도 안전 운전을 돕기 위한 여러 가지 장치들이 속속 선을 보이고 있다.

1994년에는 다이내믹 핸들링 시스템이 소개되었다. 이 시스템은 차 내부에 마이크로 컴퓨터가 장착되어 엔진의 출력, 가속기의 위치, 기어의 상태, 최적의 운전 환경을 제공해 준다.

벤츠의 명성은 미국 자동차 협회가 '1995년 10대 신차'를 선정하면서 벤츠의 자동차를 종합 1위로 평가한 데서 여실히 증명되고 있다.

7
수직계열 생산 시스템

독일을 가로지르는 라인 강 하류에는 다리 하나를 사이에 두고 두 개의 도시가 서로 마주 보고 있다. 이 두 도시는 바로 공업 지역으로 유명한 만하임과 루트비히스하펜 암 라인이다. 흔히 쌍둥이 도시로 불리지만, 도시 자체의 분위기는 전혀 다르다. 만하임이 100여 개의 크고 작은 기업들로 이루어진 도시라면, 루트비히스하펜 암 라인은 1개의 기업체만 존재한다.

이 1개의 기업이 세계 4위의 종합 화학 회사이자 바이어·횔스트와 함께 독일 화학업계의 '빅3'로 꼽히는 바스프(BASF)이다. 원이름은 Badische Anilin-& Soda-Fabirk이나, 길고 외우기도 어려워 두 문자만 따서 바스프라고 모두들 부른다.

바스프는 그 크기나 지명도에 비해 우리에게 별로 알려지지 않은 편인데, 이는 바이어의 '아스피린'과 같은 대표적 소비품을 갖고 있지 않기 때문일 것이다.

1865년에 설립된 바스프는 카로·브렌크·크라제르 등 유명한 화학자의 발명과 기술에 힘입어 세계적인 기업으로 성장했다. 즉, 1870년의 적색 염료인 아리자린의 개발, 1897년에는 20여 년간 치열한 개발 경쟁이 벌어졌던 인디고(인조 염료) 합성에서 승리했고, 1910년에는 인단트렌 염료를, 1913년에는 질소 비료 및 화학 원료인 초산의 생산에 성공했던 것이다.

당시 신제품인 염료는 없어서 못 파는, 그야말로 노다지 광산이었으니 바스프와 거래하던 은행은 밀려드는 돈을 세느라고 임시직까지 동원했다는 일화까지 전해지고 있다.

바스프 본사는 그 자체가 하나의 도시를 이룰 정도로 엄청난 규모를 자랑한다. 이 곳에 모여 있는 공장은 모두 300여 개이다. 부지의 직경만도 무려 7㎞에 달하며, 도로의 총길이는 110㎞나 된다.

공장 사이를 잇는 지상 파이프 라인의 총길이는 2,000㎞에 이른다. 이는 서울과 부산을 두 번 왕복하고도 남는 길이다. 차를 탄 채 외부 시설만 둘러보는 데도 한나절은 소요된다.

"과연 8,000여 가지의 화학 제품을 생산하여 170여 개국에 공급하는 세계 최대의 단일 화학 단지답구나!"

견학 온 사람마다 절로 감탄사가 나올 만도 하다. 이런 거대한 화학 단지가 건설된 것은 결코 우연이 아니다. 그것은 바스프가 생산 시설을 한 곳에 모으려고 꾸준히 노력한 결과이다.

바스프는 화학 산업의 특성을 반영하여 일찍부터 '생산의 수직 계열화'를 추구했다.

"석유 화학 산업은 원유를 차례차례 정제해 나가는 과정에서 화학 제품을 생산하는 업종이다. 이를 위해서는 일관된 생산 시스템이 필수적이다."

바스프는 이런 판단에 따라 일단 생산된 화학 제품은 다음 단계에서 중간재로 사용하는 '수직계열 생산 시스템'을 구축하는 데 성공했다.

생산의 수직계열화는 해외 진출 때도 똑같이 적용된다. 1995년 현재 바스프는 39개국에 생산 시설을 갖고 있는데, 현지에 직접 공장을 설립하든지, 현지 기업과 합작 공장을 만들든지 간에 원칙은 생산의 수직계열화이다.

물론 모든 나라에 거대한 화학 단지를 만드는 것은 현실적으로 불가능하다. 그러나 현지 생산 공장의 성격이나 생산 제품의 특성을 반영하여 반드시 수직계열화를 이루고 있다.

바스프는 비록 작은 규모일지라도 가장 효율적인 생산 과정을 채택하고 있는 것이다. 그래야만 각종 소비재의 원료로 사용되는 플라스틱·합성 수지 등 화학 제품을 적기에 공급할뿐더러, 세계 시장에서 우위를 차지할 수 있다는 것이 바스프의 판단이다. 한마디로 말하자면 생산의 수직계열화는 석유 화학 산업의 특성을 살린 바스프의 세계화 전략인 셈이다.

유럽 내 생산에 주력하던 바스프가 해외 생산에 본격적으로 눈을 돌린 것은 1970년대부터이다. 바스프의 해외 현지 생산 확대는 성장 전략의 중대한 전환을 의미한다.

사실 바스프는 독일 내에서 더 이상 성장할 여지가 없었다고 할 수 있다. 따라서 바스프는 이 때부터 석유 화학을 축으로 한 전세계 생산 거점 구축을 그룹의 성장 전략이자 세계화 전략으로 택하게 된 것이다.

바스프는 1971년 미국 사우스캐롤라이나에 염료와 플라스틱 공장을 세웠다. 형식은 현지의 화학업체와 합작 방식을 취했으나, 내용은 바스프의 현지 업체 인수였다.

이를 계기로 바스프는 시장 개척과 관세 절감의 이득을 누리게 되었다. 또한 달러화와 마르크화의 환율 변동이 있을 때에도 미국 생산 거점의 존재는 완충 역할을 톡톡히 수행했던 것이다.

8
안정은 끊임없는 움직임 속에 있다

줄타기 광대는 외줄 위에서 안정된 자세로 있지만, 온몸의 근육과 신경은 끊임없이 균형을 위해 움직이고 있다.

바스프가 지금까지 세계 석유 화학업계의 강자로 존립한 데는 '지속적인 안정은 끊임없는 움직임 속에 있다'는 격언을 충실히 따른 바에 있다고 해도 과언은 아니다. 사실 바스프는 그 동안 두 차례의 큰 변신이 있었다.

첫번째 상황은 제2차 세계대전 직후로서 석탄에서 석유로의 전환이 있던 시기였다. 전후의 화학 산업은 석유 화학·합성 섬유·플라스틱이 중심을 이루었다.

그리고 이 분야에서는 미국(특히 듀퐁)이 압도적인 우위를 차지하기 시작했다. 바스프는 종래의 석탄 중심에서 석유로의 원료 대체가 불가피했다. 해서 1953년, 바스프는 즉각 셸과 합작 회사를 설립하여 서독 최초로 나프타 분해에 의한 에틸렌 생산과 고압 폴리

에틸렌의 생산 설비를 완성했다.

바스프가 전후 유럽 최대의 플라스틱업체로 등장한 것은 이 같은 석탄 화학 기업에서 석유 화학 기업으로의 변신에 기민성을 보인 데 힘입은 바 크다.

두 번째 상황은 미국의 듀퐁·텍사코가 당시 화학 산업의 본거지였던 독일 기업을 매입해 들이고, 화학 제품의 실수요자인 주요 가공 기업에까지 손을 뻗쳐온 것이다. 독일 석유 화학 산업이 바야흐로 미국의 종속적 위치로 전락하게 될 위기였다.

이 때 바스프는 즉시 중소 기업의 계열화와 기업 매수로써 대응했다. '65년 유럽 최대의 도료 기업인 그라스리트를 매수한 것을 시작으로 비료·화학 섬유·의약품 회사를 차례로 인수하기 시작한 것이다.

그리고 '68년에는 독일 유수의 에너지 회사인 빈터샬을 인수했다. 이는 당시 독일에서는 가장 큰 규모의 기업 인수로 세계 경제계의 뉴스였다. 바스프가 당시만 해도 성공 가능성이 의문시되던 대규모 기업 인수를 실시한 이유는 간단하다. 석유 화학의 근원이 되는 원유 및 원자재의 안정적 확보를 위해서였다. 바스프의 이런 전략은 맞아떨어져서 이 때부터 바스프는 고도 성장기에 들어서게 되었다.

현재 유럽에서 독일에 있는 본사와 함께 바스프 그룹의 양 축을 이루고 있는 벨기에 앤트워프 공장도 따지고 보면 기업 인수의 산물이다. 바스프는 1960년대 말 벨기에로 진출하려 했으나 신규 공장을 설립하는 데 장애가 많았다.

그래서 앤트워프에 있는 벨기에의 한 작은 공장을 인수하는 형식을 취했다. 인수 직후에는 곧바로 바스프 특유의 경영 방식인 수직 계열화를 시도했으며, 앤트워프 공장은 본사만큼 거대하지는 않지만 바스프의 대표적 생산 단지로 도약했다.

최근 각광을 받고 있는 아시아 지역도 빼놓을 수 없다. 바스프는 중국에 대단위 화학 공장 건설에 박차를 가하고 있다. 이미 3개의 바스프 합작 기업이 공장을 가동 중이며, 2개의 공장이 건설 중에 있다.

바스프는 인도에도 손길을 뻗고 있다. 인도 남서부에 있는 방갈로드에 염료 공장이 완성되어 가동을 기다리고 있는 중이다.

또 한 가지 빼놓을 수 없는 것은 바스프가 그야말로 테크노마니아(기술광)라는 점이다. 기술은 바스프의 원동력으로 매출액의 3%가 넘는 거액이 기술 개발비로 투입되고 있다.

1995년의 매출액이 437억 마르크라고 하니까, 이 때도 13억 마르크(1조 원) 이상을 기술 개발비로 투자한 것이다. 또한 6천여 건의 특허에서 들어오는 로열티의 수입도 만만치가 않다.

오늘도 1만여 명이 넘는 연구원들이 밤늦도록 환하게 불을 밝히고 있는 바스프 연구소는 바로 이 회사의 미래를 밝혀주고 있다.

9
'깨끗한 기업' 이미지 만들기

바스프는 일찍부터 환경 보호에 눈을 돌린 몇 안 되는 기업 중의 하나이다. 이러한 바스프의 선견지명은 세계화 기업의 최고 윤리 덕목으로 환경 보호가 강조되고 있는 현시점에서 타기업의 부러움을 사고 있다.

오늘날 바스프의 잘 갖춰진 환경 시설에는 세계 각국에서 모여든 견학자들의 발길이 끊이지 않고 있다.

바스프 본사는 화학 회사답지 않게 넓은 녹지 공간을 확보하고 있어 마치 공원 같은 느낌을 준다. 본사 부지 내 녹지 공간은 1965년 이후 3배 이상 늘어나 현재 전체 부지의 10%를 차지하고 있다.

바스프는 녹색 이미지를 만들기 위해 그 동안 환경 보호비에 엄청난 돈을 쏟아부었다. 1970~1992년까지 무려 133억 마르크를 사용했다니 그 규모가 어떠한지는 상상하기조차 힘들 것이다.

그리고 1982년부터 10년 동안 환경 보호 비용은 166%나 증가했

다. 이는 같은 기간의 매출액 증가율 30%보다 5배 이상 높은 수준
이다.

바스프가 가장 신경 쓰는 부분은 뭐니 뭐니 해도 공장 폐수 처리
문제였다. 본사 자체가 라인 강변에 위치하고 있으므로 환경 의식
이 드높기로 소문난 독일 국민들이 라인 강의 오염을 그냥 놔 둘
리가 없었기 때문이다.

한때 라인 강은 산업 폐기물로 인해 중부 유럽의 거대한 하수도
였다. 거기다가 필름을 현상할 수 있다거나, 라인 강의 물은 '젊어
지는 샘물'이라서 그것을 마시는 사람은 늙지 않는다는 우스갯소리
가 나돌 정도로(라인 강은 너무 독해서 먹는 사람은 그 즉시 죽어 버
리기 때문에 늙지 않는다는 뜻) 바스프는 이미 1957년부터 체계적인
폐수 처리에 착수했다. 10개년 계획 동안 총 5억 마르크가 폐수 처
리 시스템 건설에 소요되었다. 지금 바스프 특유의 '이중 폐수 처
리 시스템'의 확립은 이런 노력의 결과이다.

50㎞에 달하는 기존 처리 시스템에서는 오염되지 않은 냉각수를
처리하며, 새로 설치된 30㎞의 처리 시스템에서는 중금속이 함유된
폐수를 처리한다. 이런 이중 처리로 효율성이 높아졌을 뿐만 아니
라 완벽한 폐수 처리가 가능해졌다.

이와 함께 1974년에는 중앙 폐수 처리 공장이 설립되었다. 여기
에서는 공장에서 배출되는 폐수뿐만 아니라 인근 도시에 거주하는
600만 명이 배출하는 생활 폐수까지 처리한다. 그야말로 세계적 규
모를 자랑한다.

폐수 처리 과정에는 물리적·화학적·생물학적 과정이 모두 포함

되어 마지막 처리 과정을 거친 폐수는 라인 강에 배출해도 전혀 해가 없을 정도로 깨끗해진다. 그리고 이 때 나오는 찌꺼기 역시 난방용 연료로 재활용됨으로써 일석 이조의 효과를 거두는 셈이다. 바스프 공장에서는 전체 난방의 70%가 재생 에너지 활용에서 이루어지고 있다. 현재 바스프는 174개의 에너지 절약 프로젝트를 추진하면서 연간 4억 마르크를 투입하고 있다.

생산 과정에서뿐만 아니라 바스프가 만든 최종 상품에 대해서도 환경은 최고의 덕목이다. 바스프의 상품은 사람에게 해가 없는 것인지 반드시 검증된다.

또한 마케팅 부서와 연구 부서와의 긴밀한 협조 체제가 갖추어져 있어 환경 유해 상품이 유통될 가능성을 원천 봉쇄한다. 결국 환경 친화 기업으로서의 바스프의 이미지는 처음부터 끝까지 한 치의 방심도 허용하지 않는 데서 가능한 것이다.

바스프의 이러한 '깨끗한 기업 이미지 만들기' 노력은 글로벌 기업으로 발돋움하려는 기업들에게 좋은 본보기가 될 것이다.

10
독일의 산업 혁명

영국에서 시작된 산업 혁명은 19세기 전반기에 서부 독일로 침투하고 있었다. 이 무렵 모험심이 강한 영국의 기업가 코케릴 형제는 벨기에의 뤼티트에 철공장·탄광·압연 공장으로 구성되는 혼합 공장을 세움으로써 벨기에 공업의 기초를 마련했고, 이어 프로이센에도 같은 공장을 세웠다.

이 공로로 코케릴 형제는 '대륙의 장인'이라는 명예로운 칭호를 받으며 지금도 독일과 벨기에의 산업계로부터 존경을 받고 있다.

이어서 영국 기업인들의 손에 의해서 독일의 중공업이 점진적으로 발전하였다. 그러나 그 발전은 너무나 더뎠다. 중공업이 지지부진한 근본적인 장애는 주식 회사 설립을 국가적으로 금지한 데에 있었다. 그러니 자본을 투자할 사람이 없었다.

18세기 말엽까지도 함부르크와 같은 세계적인 개방 도시에서도 상업이 외국인, 특히 네덜란드 상인의 수중에 장악되어 있었다. 이들은 독일의 잠재력을 눈치채고 자본을 대기 시작했다.

독일의 산업 혁명은 몇 사람의 탁월한 기업인의 활약으로 힘차게 날개를 폈다. 베스트팔렌에서는 정열적인 기업가 프리드리히 하르코트가 제철·구리 공장을 건설하고, 운하와 철도 건설을 착수했다. 그리고 프리드리히 크루프는 당시에 아직도 알려지지 않았던 루르강 연안의 에센에 독일 최초의 제철 공장을 세웠다.

그러나 독일 노동자들의 태도가 자본의 부족과 더불어 공장의 건설을 용이하지 않게 했다. 노동자들은 임금을 많이 준다고 해도 무관심했으며, 전문적인 지식이 부족했으므로 공장을 가동하는 데 애로가 많았다.

그러므로 초기의 독일 산업은 영국의 전문가에게 의존할 수밖에 없었다. 특히 독일의 소국가 분열상은 교통의 장애를 가져왔으며, 상품의 교환을 어렵게 했다.

이에 기업인들은 이구 동성으로 당국에 강력히 다음과 같은 사항을 요구했다.

첫째, 모든 아이들을 위한 초등학교를 세울 것.

둘째, 철도를 빠른 시일 안에 부설할 것.

셋째, 독일 연방을 국민적인 헌정 국가로 변모시킬 것.

이 요구에 비추어 보면 독일 자유주의의 근본적인 요구가 경제적인 여건의 후원을 받게 되었음을 알 수 있다. 이 요구의 대변자는 저명한 경제학자로 튀빙겐 대학 교수인 프리드리히 리스트였다.

리스트는 1819년에 이미 남부 독일 상인들의 이름으로 프랑크푸르트 연방 의회에서 전체 독일의 내국 관세를 폐지하자는 청원을 발의했으나 실패한 바 있었다. 그의 원대한 계획은 오스트리아 · 룩셈부르크 · 벨기에 · 스위스 · 헝가리 등을 포함하는 중유럽 경제 통일의 형성에 있었으나, 정치적인 박해를 받아 미국으로 망명하는 신세가 되었다.

그러나 리스트의 자유무역주의 사상은 독일 관세 동맹을 결성하는 촉매제가 되었다. 관세 동맹은 오스트리아를 제외한 독일 내의 모든 국가를 포함하게 되었다. 관세 동맹은 1834년 1월 1일에 실현되었다. 이 날부터 독일인들은 어느 정도 독일 국민 경제를 말할 수 있게 되었다.

관세 동맹이 발효된 지 1년 후에 바이에른의 자본가들은 뉘른베르크에서 퓌르트에 이르는 독일 최초의 철도를 부설하였다. 그리고 해가 감에 따라 계속해서 철도망은 확대되었다.

1837년, 보르시트는 베를린에 최초의 기계 공장을 건설하였다. 크루프 회사는 영국제와 같은 질의 새로운 강철을 생산했다. 그러나 독일인의 대부분은 여전히 농민층에 속했다. 하지만 공장에서 일하는 사람들의 숫자는 점진적으로 늘어났다.

많은 수공업자들도 염가의 공장 제품과 도저히 경쟁할 수 없었으므로 결국 공장 노동자로 전락했다. 이렇게 해서 독일에서도 노동자가 사회 문제로 대두되었다.

이와 같은 사회 체제의 변화를 통해서 생겨난 어려움을 법률적으로 완화시키려고 한 최초의 국가는 프로이센이었다. 프로이센에서는 1839년에 16세 이하의 노동자의 1일 노동 시간은 10시간을 초과해서는 안 된다고 규정했던 것이다.

19세기 후반에 이르러 독일은 농업 국가에서 공업 국가로 탈바꿈했다. 산업 혁명이 급속한 성과를 보이면서 독일인의 생활을 크게 변모시켰다.

급속한 공업 발전의 기반은 독일이 유럽에서 가장 많은 매장량을 가지고 있는 에너지의 원천인 석탄이었다. 탄광을 중심으로 처음에는 중공업이 발달하였다. 19세기 말에 독일은 이미 강철 생산에 있어서 영국을 앞질렀다.

그리고 더욱 발전한 것은 화학 산업이었다. 독일은 제1차 세계대전 전에 화학 제품 생산에 있어서는 세계에서 첫째 가는 나라였다. 경작지 면적이 줄어들었음에도 불구하고 화학 비료에 의하여 농업 생산은 비약적으로 증가했다.

기본적인 생산 분야에 있어서 1870년과 1913년 사이의 생산량은 다음 도표와 같다.

종류 \ 연도	1870(단위 100만 t)	1913(단위 100만 t)
석탄·갈탄	24t	277t
선　　철	1, 391t	16, 7t
라이보리	5, 8t(1880)	10t
소　　맥	2, 4t(1880)	4, 03t
대　　맥	2, 2t(1880)	3, 03t
오　트　밀	4, 3t(1880)	8, 6t

독일의 무역 총액은 1880년에 57억 2,00만 마르크, 1890년에는 74억 4,700만 마르크, 1990년에는 103억 3,770만 마르크, 1993년에는

208억 6,700만 마르크로 비약적으로 증가했다.

한편 인구는 1870년에 4천만 명이었던 것이 1913년에는 6,600만 명으로, 이 또한 놀랄 만큼 증가했다.

이 통계 숫자는 확실히 독일 역사상 미증유의 경제적 발전을 증명해 보이고 있다. 그 이면에는 강력한 생산 능력과 비상한 창조력, 그리고 기술 발전이 있었음은 물론이다.

과거에 농업 지대였던 루르 지방은 독일 공업의 심장부가 되었다. 1882년에 1백 명 이상의 노동자를 가진 기업체가 127개였는데, 1895년에는 225개로 불어났다.

영국이 독일 상품에 '독일제(Made in Germany)'라고 표시하라고 하여 자국의 상품을 보호하려고 했지만, 독일 상품은 점진적으로 세계 시장을 정복해 가고 있었다. 이 '독일제'라는 표시는 영국의 의도와는 달리 최고의 상품임을 보장하는 표시가 되었던 것이다.

그러나 독일의 산업 혁명 역시 영국이나 프랑스, 그리고 미국처럼 노동 계급의 희생에 의해 이룩된 것이었다. 영국·프랑스에서는 일찍부터 노동 계급의 저항이 지속적으로 일어났지만, 독일에서는 좀체로 노동자들이 일어서지 않았다.

하지만 독일의 노동자들도 움직이기 시작했다. 1844년 6월에 프로이센 령 슐레지엔에서 직포공의 봉기가 일어났다. 새로운 기계의 도입 때문에 임금이 깎여 버린 수공업자들의 절망적인 반항이었지만, 정부는 군대를 보내 무자비하게 진압했다. 화가 휴브라가 불쌍한 직공의 모습을 그린 것이 지금도 남아 있다. 그리고 세계적인 시인 하이네가 분노의 시를 썼다.

어두운 눈에 눈물도 보이지 않고
베틀 앞에 앉아 이를 악문다.
"독일이여, 네 흰 수의를 짜 주마
세 겹의 저주를 물려
짜 주마, 짜 주마!"
— 중략 —
베틀의 북이 돌며 받침이 소리내어 운다.
밤낮을 가리지 않고 짜고 또 짠다
"낡은 독일이여, 네 흰 수의를 짜 주마
세 겹의 저주를 물려
짜 주마, 짜 주마!"

11
세 통의 편지

1923년 가을, 50대의 과부 로테 헨트리히는 집을 떠나 스위스에서 살다가 4년 만에 고향인 프랑크푸르트로 돌아왔다. 1919년에 그녀는 친척들이 사는 스위스에 몇 주 예정으로 휴양차 갔었던 것이다. 그런데 스위스에 도착한 이튿날 그녀는 넘어져서 엉덩이뼈를 다쳤다. 그리고 장기 치료하는 동안 그녀의 만성적인 해소병이 악화되었고, 그녀를 돌보던 의사는 폐결핵이 심해진 것 같다고 충고했다.

그녀의 병은 호전되는 기색 없이 몇 년을 지루하게 끌었지만, 그녀의 친척들은 진정으로 그녀를 걱정하여 병원비 전액을 자기들이 지불하겠다고 나섰다. 그리고 드디어 1923년 9월에 그녀는 병이 완치되어 집으로 돌아가도 될 만큼 몸이 회복되었다.

하지만 그녀가 그토록 고대했던 귀향은 곧 악몽으로 바뀌었다.

집에 돌아와 보니 그 동안의 우편물이 산더미처럼 쌓여 있는데,

그 중에는 은행에서 온 편지가 세 통 있었다.

첫번째 편지는 그녀가 잘 아는 은행원이 1920년 여름에 보낸 것으로,

'여사님의 상당한 액수의 예금을 다른 곳에 투자하는 것이 좋겠습니다.'

라고 충고하고 있었다. 당시 그녀의 금액은 60만 마르크가 조금 넘었는데, 1919년 당시 환율로 따진다면 7만 달러쯤 되었다.

그 편지는 다음과 같이 충고하고 있었다.

'마르크화의 구매력이 떨어질 것 같으니 좀더 실질적인 것에 투자하여 이에 대비하는 것이 좋겠습니다. 언제 시간을 내어서 저와 상의하시길 바랍니다.'

두 번째 편지는 1922년 9월의 소인이 찍힌 다른 은행원이 보낸 것이었는데, 다음과 같은 내용이었다.

'귀하의 예금은 금액이 너무 적어서 우리에게 더 이상 이해 타산이 맞지 않습니다. 죄송하지만 빠른 시일 내에 예금을 찾아가 주시면 고맙겠습니다.'

그녀는 떨리는 손으로 세 번째 편지 봉투를 뜯었다. 그것은 그녀가 스위스에서 돌아오기 몇 주 전에 도착한 것이었는데, 내용은 다음과 같았다.

'아무리 연락을 취해도 소식이 없어서 우리는 귀하의 구좌를 폐쇄해 버렸습니다. 현재 보유하고 있는 소액권이 없어서 여기 1백만 마르크 지폐를 동봉합니다.'

점점 더 전율에 사로잡혀 로테 헨트리히는 편지와 1백만 마르크

짜리 지폐가 들었던 봉투를 무심코 내려다보았다. 그 봉투에는 소인이 찍힌 1백만 마르크짜리 우표가 붙어 있었다.

그녀의 예금액 —— 4년 전에는 여생을 편안히 보낼 수 있도록 보장할 만큼 충분한 금액이었다 —— 은 인플레로 완전히 소멸되어 이제는 보통 우표값도 못 치를 정도로 되었던 것이다.

수백만 명의 독일인을 희생시킨 1920년대 초기의 독일 초인플레는 세계 역사상 통화 혼란이 극도에 달한 사건이었다. 세계 어떤 지역에서도 그처럼 많은 양의 돈이 남발되지는 않았으며, 그만큼 물가가 치솟지 않았고, 그렇게 수많은 사람들이 경제적 혼란으로 어려움을 겪지는 않았었다.

자전적 저서 《과거의 세계》에서 오스트리아 태생인 유명한 작가 스테판 츠파이크는 1923년 가을의 베를린 정경을 직접 체험한 대로 다음과 같이 쓰고 있다.

그 동안 집필한 원고를 출판업자에게 보냈다. 안전하게 하느라고 나는 출판권에 대한 인세를 선불해 줄 것을 요구했다.

수표가 도착했을 때, 그것은 내가 1주일 전에 보낸 소포에 붙였던 우표값에도 턱없이 모자랐다.

오늘 전차를 탈 때 1백만 마르크짜리 승차권을 샀다. 집으로 오는 길에 40만 마르크짜리 지폐를 도랑에서 발견할 수 있었는데, 그것은 거지조차 거들떠보지도 않고 버린 것이었다.

구두끈 값이 옛날의 구두 1켤레, 아니 2천 켤레의 구두를 갖춘 일류 양화점의 종전 가격보다 더 비쌌다. 깨진 유리창을 갈아 끼우려면 옛날의 집 1채 값을 주어야만 했고, 책 1권 값이 예전에 100대의 인쇄기를 갖춘 인쇄소의 값보다 더 비쌌다.

그리고 100달러만 주면 쿨필스텐담에 있는 6층짜리 빌딩을 몇 채 살 수 있다. 항구에서 우연히 획득한 비누 1개를 가지고 몇몇 청소년들은 그것을 팔아 몇 달 동안 차를 타고 다니며 왕자와 같은 생활을 했다는 거짓말 같은 이야기도 전해진다.

반면에 전에 잘살던 그들의 부모들은 거지 신세로 전락했다. 편지 배달을 하는 소년들은 외환 거래로 벼락 부자가 되기도 했다.

나는 역사에 제법 정통한 편이지만, 역사상 오늘날의 독일처럼 광란의 작태가 연출된 곳은 결코 들어본 적이 없다.

1923년 11월 말에 마르크의 가치는 사실상 완전히 없어져 물가는 그야말로 쏘아 올린 로켓처럼 하늘로 치솟았다. 도매 물가 지수는 1,422,900,000,000으로 치솟았는데, 이것은 1913년보다 1조 4,230억 배 오른 것이다.

그 지경에 이르자 대부분의 농민들과 상인들은 마르크화를 받고는 아무 물건도 팔려 하지 않았다. 그래서 인정받을 수 있는 통화 수단의 필요를 충족시키기 위해 정부는 소위 이름 있는 공업 및 농업 회사·철도·주정부·지방 정부에 의한 '비상 화폐'의 발행을 허용했는데, 1923년 11월까지 약 118,000,000,000,000,000,000마르크가 유통되었다.

이 비상 화폐는 봉급을 지불하거나 행상인과 거래를 하기 위하여 발행되었다. 게다가 정부 승인 리스트에 올라 있지 않은 소기업들,

자기 나름대로 화폐의 수단으로 발행하는 채무자들이나 위조자들이 훨씬 많은 양의 '위조 비상 화폐'를 만들어냈다.

치솟는 물가에 대응할 '유통 수단'을 모든 사람이 너무나 원했고, 또 물건을 파는 사람은 쓸모없는 제국 은행 마르크화를 절대로 받지 않으려고 했으므로 한때는 위조 지폐마저도 인정을 받아 사용되었다. 이러한 임시 변통의 수단과 함께 당연히 물물 교환이 급속도로 발달했다.

1923년 말이 되자 독일은 중세 시대의 경제로 돌아가 있었다. 그 당시 위험을 무릅쓰고라도 마르크화를 받고 물건을 팔려는 사람이 혹시 있었다면 다음과 같이 계산했을 것이다.

1파운드짜리 호밀빵 1개 2,240억 마르크(1913년에는 4분의 1마르크)

계란 1개 800억 마르크(전쟁 전에는 12분의 1마르크)

버터 1파운드 3조 마르크

우유 1리터 3조 6천억 마르크

쇠고기 1파운드 2조 5천억 마르크

신문 1부 2,000억 마르크

신발 1켤레 32조 마르크

서서히 굶어 죽어가는 상태에 단련되어 가만히 있을 사람은 성인 군자라고 하더라도 과연 있겠는가? 독일인들은 살을 깎아 들어가는 굶주림에 깊은 원한을 품고 있었다.

그리고 더욱 참을 수 없는 것은 계속되는 일상 생활의 불안정이었다. 질서와 균형 있는 생활 습관에 단련되어 있는 독일인들은 모든 생활의 양식에 파고들어와 있는 무정부 상태에 절망과 분노로 대응했다.

계속적인 물가 변동은 저주의 대상이었다. 빵 1킬로그램이 2시에 150억 마르크였다가 3시가 되면 250억 마르크로 둔갑해 버리는 상황을 그들은 더 이상 견딜 수가 없었다.

1923년 말이 되자 대부분의 작은 식당들은 문을 닫았다. 왜냐 하면 사람들이 음식을 사 먹을 돈을 가질 여유가 없기도 했지만, 식당 주인도 계속적인 물가 변동을 감당할 수 없었기 때문이었다.

오랫동안 식품점 앞에 줄을 서서 기다렸으나 겨우 차례가 왔다 싶으면 유리창에 '영업 중지, 물건이 떨어졌음' 혹은 '오후 3시에 다시 개점, 가격 재조정 때문임'이라는 쪽지가 붙는 짜증나는 상황을 더 이상 참을 수가 없었다.

직장에서 급료로 받은 마르크를 한 자루 가득 넣고 전차를 타러 달려야만 하고, 전차에서 내린 뒤 다시 가까운 빵집으로 뛰어가야만 하는 상황을 더 이상 견딜 수가 없었다. 그것뿐만 아니었다. 빵집에 도착하면 또다시 길게 줄을 서서 지루함을 꾹 참아가면서 기다리지만, 차례가 될 때쯤이면 더 이상 '소액권'을 받지 않는다는 소리를 들어야만 했다.

당시 마르크는 1조에서 100조에까지 이르는 고액권이 인쇄기에서 빠져나왔는데, 제국 은행은 지폐를 발행하기에 적합한 종이를 구하는 데 무진 애를 써야만 했었다.

불안정이 고조되자 독일인들은 전쟁 전의 옛날 삶으로, 고요와 질서, 불확실로부터 벗어난 휴식으로 돌아가기를 갈망했다.
그 결과 히틀러라는 독재자의 출현을 박수로써 맞이하게 된다.

12
뮐하임의 마이더스

독일 초인플레 시대에 있어서 재산 축적의 전형이며 표상으로 등장한 인물은 휴고 스티네스였다. 그는 원래 물려받은 재산이 상당히 있는데다가, 은행으로부터 대부받은 엄청난 돈으로 '대륙을 가로지르는 거상', 즉 아직 아무도 그를 능가한 사람이 없는 국제 합병 회사를 처음으로 세웠다.

'뮐하임의 마이더스'라고 불리는 스티네스는 자수 성가한 것을 늘 자랑했는데, 실제로는 조상으로부터 물려받은 유산이 많았다. 그의 조상들 가운데 특히 할아버지인 마티아스는 19세기 초에 뮐하임에서 석탄 회사를 차려 상당한 부를 쌓았는데, 사망했을 때 여러 광산 회사와 현금을 상당히 남겼다.

이 재산은 드디어 휴고와 그의 형제의 몫이 되었다. 그러나 재산과 권력을 모으는 데 전생을 바치고 싶어 못 견디는 휴고 스티네스는 좀더 공부하라는 부친의 충고를 저버렸다.

그는 6개월 만에 베를린 광산 학교를 그만두고, 1892년에 5만 마르크의 자본을 가지고 자신의 회사인 스티네스 게젤샤프트 회사를 차렸다. 당시 그의 나이 22세였다.

그로부터 제1차 세계대전이 일어나기까지 22년 동안 다른 분야로 급속히 사업을 확장해 갔다. 이를테면 그는 루르 지방의 탄광과 라인란트 지방의 철광 채출권을 가지고 있었고, 여러 제철 공장과 조선소를 가진 독일에서 제일 가는 기업 합병체인 도이치 베르베르크 사를 사들였던 것이다.

그리고 당시 몇 안 되는 대부호인 되센과 함께 독일에서 가장 큰 전력 회사인 라이니쉬 베스트팔리안을 세웠다. 다음에는 해외 무역에 뛰어들고, 엘베 강에 상선을 운행했다.

이제 그는 큰 전쟁을 치르는 동안 악당이라면 능히 포착할 수 있는 기회를 이용할 준비가 되어 있었다. 제1차 세계대전 중에 그는 무자비하게 이 기회에 매달렸고, 그 여파를 이용했다.

스티네스의 회사는 전쟁 중에 양쪽에 모두 석탄을 팔았다. 비밀리에 프랑스에 판매하는 가격은 '공개적'으로 독일에 파는 가격보다 물론 낮았다.

그뿐만 아니었다. 벨기에를 점령할 때 빼앗은 광산 및 공장의 주인들과 '양도 계약'을 체결했다.

그는 땡전 한푼 들이지 않고 이 공장에서 나오는 이익금을 자기가 차지한다는 계약을 맺었다. 그리고 때가 되면 자기가 '빼낸' 이익금과 일정한 금액을 지불하고 운영권을 매입한다는 조건도 덧붙여 두었다.

즉, 그 매입 시기는 전쟁이 끝난 후에 벨기에 정부가 항복 문서에 조인을 한 후 빠른 시일 내에 이루어지도록 되어 있었다. 물론 스티에스는 나중에 그 거래를 할 필요가 없었다. 그는 이익금만 챙기면 되었으니까.

노동자들은 지쳐 쓰러질 때까지, 어떤 때는 총검으로 위협하여 혹사시켰다.

당시 그는 공공연하게 말했다.

"나는 자비를 믿지 않는다. 능률이 오르지 않는 노동자가 빨리 죽으면 죽을수록 이익이 남는다."

벨기에에서의 그의 착취는 가끔 신중한 약탈도 저지르는 경지에까지 이르렀다. 많은 생산 설비와 상당량의 석탄·광물이 채굴되어 아무런 보상도 없이 독일에 있는 그의 여러 회사로 옮겨졌다.

독일이 전쟁에 지게 되자 스티네스의 이러한 수입은 물론 끊기게 되었다. 연합국의 수중에 들어간 지역에 있던 그의 공장들도 베르사유 조약에 의해 몰수되었다.

그러나 '루르의 제왕'으로 불리어지는 스티네스는 독일 정부에 압력을 넣어 3억 마르크의 보상금을 받아냈다. 그는 이 때 온갖 수단으로 자금을 빌려 부동산을 사들이거나 공장을 지었다.

그리고 마르크화의 가치가 떨어져서 자기의 대부금이 아무런 부담이 되지 않을 때가 되어서야 비로소 대출금을 갚았다.

스티네스가 정부로부터 '보상'을 받았을 때 그의 재산은 5억 마르크 정도가 되었다. 그는 이들 중 일부를 외환으로 바꿔 네덜란드에 있는 금고에 보관시켰다.

또한 일부는 새로 세워진 외국 회사에 투자했다. 하지만 어느 경우에도 독일 국세청의 손길이 그 곳까지 미칠 수 없었다.

나머지 돈은 새로운 공장이나 회사에 투자해서 나중에는 '스티네스 그룹'이라는 이름으로 이제껏 계승되어 온, 무엇이나 모두 집어삼키는 회사에 합병시켰다.

여담이지만 스티네스는 일용품을 사는 데 필요한 돈 이외에는 늘 수수한 옷차림을 했으며, 스파르타 식의 생활을 유지하는 전형적인 독일인이었다고 한다.

베르사유 조약 이후 독일이 물품으로 배상금을 치르고 있을 때, 스티네스는 '조국에 부과된 수치스러운 형벌'에 대해 불만을 토했다. 하지만 그가 누구인가, 그는 이 배상금의 지불로 인해 엄청난 이익을 남겼다.

소위 배상 품목인 철·석탄·목재·광물의 주요 공급자였던 스티네스는 고의로 가격을 올려 정부가 필요한 물품을 사갈 때 엄청난 이득을 보았다.

초인플레 기간 동안 스티네스는 미친 듯이 기업의 합병을 추구하여 2,888개의 공장을 소유하는 1,555개 회사에 부분적인, 혹은 전적인 소유권을 갖고 있었다. 그의 문어발 같은 마수는 거의 모든 것을 끌어들였다.

그는 은행·신문(독일 신문의 40%가 그의 영향력 아래 있었음), 내륙 수로와 대륙간 상선, 외환 업무 취급 회사, 화학 및 폭발물 회사, 제지 및 인쇄·필름·청동 제품·자동차 공장·유전·무역 회사·전당포·호텔, 그리고 물론 그의 원래 관심거리였던 석탄·

철·광산업 등을 포함하는 '왕국의 군주'가 되었다.

그는 스티네스 그룹을 통하여 철·선박·시장 조직을 남미·중국·서인도 제도로 확대하여 세계적 기업가가 되었던 것이다.

스티네스는 오스트리아·체코·스위스·폴란드·루마니아에 있는 제철 회사를 획득했다. 또한 루마니아·러시아·남미, 그리고 멕시코에 있는 유전 발굴권을 얻었다.

1924년까지 스티네스 회사는 많은 외국 회사에 부분적인 혹은 전적인 이권을 가지고 있었다. 20여 개의 탄광과 탄권, 21개의 철광, 4개의 유전과 수많은 연구소와 정유 회사, 16개의 도기 공장, 29개의 제련소, 20개의 철공장과 기계 공장, 7개의 기관차 공장, 3개의 전화 회사, 4개의 조선소, 80개의 전기 용품 공장, 8개의 제지 화학 공장, 47개의 전기·가스 설비 회사, 9개의 해운 회사, 14개의 신문사와 출판사, 3개의 목화 및 코코넛 농장, 10개의 은행과 금융 회사, 254개의 판매망 등 그의 회사는 모든 곳에 문어발을 드리우고 있었다. 물론 모든 회사 —— 전쟁 전에 만들어진 회사를 제외한 거의 모든 국내 회사 —— 가 대부받은 돈으로 사들이거나 신설한 회사였다.

스티네스는 '인플레라는 무기'를 사용하여 전쟁 직전에 1천만 달러(4천만 마르크)에 불과했던 개인 재산을 1923년 말에는 10억 달러(4,200,000,000,000,000,000,000,000마르크) 이상의 수준으로 불려놓았다.

스티네스의 재산에 관한 믿을 만한 수치는 지금까지도 확실하게 전해지지 않는다. 왜냐 하면 그는 독일 국세청과 연합국의 감시를 피하여 재산의 많은 부분을 외국으로 도피시켰기 때문이다.

1923년은 스티네스의 재산이 최고조에 달한 해였다. 그러나 이에 반해 독일은 통화와 정치면에서 대혼란에 휩싸인 해이기도 했다. 새로운 화폐의 제조는 미친 듯이 증가되었고, 물가는 맹렬한 속도로 치솟았다. 그리고 마침내 종말의 시간이 다가왔다. 1924년 4월 10일, 스티네스가 갑자기 사망했다.

약 2주 후에 미국에서 발행되는 《독립》지에는 다음과 같은 기사가 실렸다.

— 휴고 스티네스가 죽었다는 소식을 들으니 마치 지상에서 만유인력이 사라졌다는 이야기를 듣는 것만 같다. 일생 동안 그 사람만큼 경제적이며 산업적인 권력을 누렸던 인물이 또 어디 있을까?

그는 생전에 다음과 같이 말했었다.

"산업은 독일에 남아 있는 유일한 힘이다. 산업의 발전만이 독일을 구할 수가 있다. 그러므로 이제껏 독일의 번영에 가장 공헌이 컸던 나 스티네스야말로 독일의 번영에 열매를 맺게 할 수 있는 유일한 인물이다. 왜냐 하면 나는 모든 가치 있는 것에 나의 지배력을 발휘할 것이기 때문이다. 정부는 나의 의견만을 따라야 할뿐더러 나의 결정만이 정부의 훌륭한 안내자가 될 것이다."

그 기사는 마지막으로 다음과 같은 조명적인 글귀로 끝맺음을 하고 있다.

— 아이작 모리슨(스티네스가 면담을 허락한 유일한 미국 기자)이 그에게 물었다.

"당신은 도대체 무엇을 위해 일을 합니까? 당신이 쌓아올린 이 거대한 구조를 가지고 무엇을 이루고자 합니까?"

그러자 스티네스는 분노에 찬 눈초리로 한참 모리슨을 노려보다가 퉁명스럽게 대답하는 것이었다.

"그 질문에는 대답하지 않겠소."

스티네스가 창조한 거대하고 하루 아침에 축적된 구조는 그것을 결합시키는 응집력이 없어지자 금방 무너져 버렸다. 그의 두 아들은 채권자의 요구에 못 이겨 빚에 눌린 많은 회사를 팔아넘겨야 했다.

그의 아들들이 뜻을 모아서 하려는 의지와 재능만 있었더라면 기업을 살릴 수도 있었다고 몇몇 사회 비평가들은 주장했다. 또한 다른 사람이 극복할 수 없었던 장애를 스티네스라면 해결할 수 있었을 것이라고 어떤 이들은 단언하기도 한다.

아마 그들의 의견이 옳을지도 모른다. 그러나 스티네스가 죽은지 3년 후에는 통화 제도의 붕괴 위에 건설했던 그의 거대한 제국은 그 자체가 파멸될 것은 자명한 사실이었다.

13
작센 이동

유럽 지도를 펼쳐보면 대륙 한가운데가 독일 통일 전에 동독이라고 불리었던 곳이다. 이 지역 남쪽의 라이프치히와 드레스덴 주변을 작센이라고 부른다.

작센 지방은 19세기부터 기계 공업이 발달했으며, 또한 설탕의 원료인 사탕무 재배 지역으로도 유명했다.

18세기 말에 당분이 포함되어 있는 사탕무 뿌리에서 설탕을 추출하는 방법이 개발되었기 때문에, 19세기 초 독일과 프랑스 각 지역에는 설탕 공장이 세워졌다.

그런데 그 때부터 서인도 제도에서 흑인 노예를 이용하여 사탕수수를 대량으로 생산하고 있었다. 하지만 1843년에 서인도 제도에서 노예 제도가 폐지되어 사탕수수 산업도 타격을 받자 유럽의 설탕 산업은 되살아나 호황을 누렸다.

이 사탕무 재배는 봄에 씨앗을 뿌린 뒤 괭이로 갈고, 가을에 수

확하는 모든 작업을 직접 사람의 손으로 해야 했기 때문에 봄과 가을에 대규모의 임시 노동자가 필요했다. 이런 필요에 따라 여러 지방에서 노동자가 몰려들기 시작했다.

이것이 그 유명한 '작센 이동'이다. 그렇다면 이 '계절 농민'은 어디에서 왔을까? 나중에 밝혀진 바에 의하면 그들은 대부분 동엘베라고 불리는 지방에서 왔다고 한다.

유럽 지도의 중앙을 보면 현재의 보헤미아 지방에서 출발하여 옛날의 동독 지역을 비스듬히 두 갈래로 관통하여 북해로 흐르는 큰 강이 바로 엘베 강이다.

이 엘베 강의 동쪽, 현재의 폴란드와 체코·슬로바키아로 깊숙이 들어간 지방은 일찍이 독일의 영토였는데, 바로 이 곳이 동엘베 지방이다. 19세기의 동엘베는 대부분이 농업 지대였고, 그래서 아직 발전이 안 된 '변방 지대'였다. 따라서 '작센 이동'이란 농업 지대인 동엘베에서 공업 지대인 서엘베로 향하는 일시적인 계절 농민들을 가리킨다.

그렇다면 동엘베에는 어째서 서엘베로 이동하는 이런 일시적인 계절 농민이 있었을까?

원래 동엘베는 프랑스 인이 살던 곳이었는데, 12세기 이래 독일 인이 이 곳을 자주 침입했다. 그래서 오늘날 베를린을 중심으로 하는 지역에는 브란덴부르크 변방의 영주령, 혹은 발트 해 연안에 광대한 독일 기사단령이 구축되었다. 이 독일인의 지배 영역이 이후 프로이센이 되었다.

프로이센에서는 영주의 세력이 강했지만 농민들은 가난했다. 농민들은 자신의 토지가 거의 없었기 때문에 영주의 대농장에서 일하는 것이 일반적이었다.

그런데 농민들은 반 년 동안 죽자고 일해도 쥐꼬리만한 임금밖에 받지 못했을 뿐만 아니라, 일자리를 얻는 대가로 마누라까지 10일 내지 20일 동안 영주의 집에서 일해야만 했다. 이 곳에서 농민은 중세 시대의 농노와 다름이 없었다.

1807년 10월, 농민 해방령이 발표되었다. 19세기 초반 나폴레옹에게 패배한 프로이센은 개혁의 필요성을 스스로 깨닫고 국가와 사회의 여러 제도를 개혁했다. 이 제도 개혁의 일부로써 농민 해방이 실시된 것이다. 이 농민 해방령에 의해서 농민들은 확실히 자유로운 신분이 되었다.

하지만 자유로운 신분이 되었다고 해서 그 즉시 풍요로운 생활을 누릴 수 있는 것은 아니었다. 오히려 농민은 자유로운 신분이 되기 위해 지금까지 경작한 토지의 2분의 1에서 3분의 1을 영주에게 넘겨주든지, 아니면 그 토지 가격에 해당하는 배상금을 화폐로 지불해야만 했다.

그 액수는 농민이 도저히 한 번에 치를 수 있는 것이 아니었기 때문에 상환 기간이 긴 빚을 질 수밖에 없었다. 또한 자작농이 되기 위해 진 빚 때문에 자신의 토지에서 농사 짓는 것만으로는 생활을 영위할 수 없게 되었다. 그래서 그들은 일용직으로 일하거나, 융커라고 불리는 영주의 농장에서 농업 노동자로 일을 해야만 했다. 또한 수도 베를린과 서엘베에서 일자리를 구하기도 하고, 때로는 미지의 신대륙인 미국으로 이민을 떠나기도 했다.

한편 영주는 농민으로부터 몰수한 토지와 배상금으로 농장의 규모를 확장하거나, 보다 효과적으로 경영하기 위한 자금을 손에 넣을 수 있었다. 따라서 프로이센의 농민 해방은 결과적으로 '영주를 위한 농민 해방'이었다.

게다가 농민이 융커 농장에서 농업 노동자로 일할 경우에 외적으로는 자유로운 신분으로 일했지만, 중세 농노의 생활과 크게 다를 바가 없었다.

융커와 농민이 대등하다는 것은 당시에 생각조차 할 수 없는 사상이었다. 어쨌든 융커는 원래의 영주였으며, 그들은 1848년까지 농민 재판권, 1872년까지 경찰 업무를 관장했다.

결국 지배하는 사람과 지배당하는 사람의 실질적인 관계는 결과적으로 보면 별로 변하지 않았던 것이다.

그뿐만 아니라 농민은 빚만 떠맡은 것이 아니었다. 그 때까지만 해도 농민은 가축을 기르기 위해 방목지와 삼림을 융커와 공동으로 사용할 수 있었던 것이다.

그러나 19세기 중엽 이래 농민 해방이 완결되자, 지금까지 융커와 공동으로 사용해 온 토지도 분할되어 버렸다. 이와 같이 공유지의 분할은 농민의 권리였던 방목권과 삼림의 이용권을 상실한다는 것을 의미했다.

또한 전통적인 농업 방법의 혼란을 의미했다. 농민은 방목권과 삼림 이용권을 상실한 대신에, 아주 작은 일부의 토지를 소유하게 되었을 뿐이다.

사실 1860~70년대에는 이런 과정을 거쳐 파산한 '농업 노동자'

가 속출했다. 작센의 사탕무 농장은 이와 같은 농업 노동자를 얻을 수 있었고, 이렇게 해서 '작센 이동'이 생겨날 수밖에 없는 결과를 빚은 것이다.

14
독일 국적의 폴란드 인

결국 '작센 이동'이라는 계절 노동자는 당시와 같은 상황에서는 도저히 살아갈 수가 없었기 때문에 고향을 등진 사람들이다. 물론 동엘베 인들이 모두 계절 노동자로 나선 것은 아니었다.

계절 노동자로 나선 사람은 동서 고금을 막론하고 그 지방에서 제일 가난한 계층이었다. 그럼 동엘베에서 제일 가난한 사람들은 누구였을까?

'작센 이동'의 출신 지역을 구별해 보면 동엘베에서도 특히 포젠 주 출신자가 많은 것을 알 수 있다. 포젠 주는 1793년 제2차 폴란드 분할 때 프로이센 령이 된 지역이다.

그래서 독일인 주민수도 결코 적다고는 할 수 없지만, 어쨌든 폴란드 인이 많이 사는 곳이었다. 물론 포젠 주의 폴란드 인도 서류 상의 국적으로는 독일인이었다. 하지만 그들은 프로이센으로부터 아무런 혜택도 받지 못하고 있었다.

그러므로 독일인이 계절 노동자로 나선 경우도 있었지만, 이들 폴란드 인들은 처음에 이동해 간 서엘베에서 공업 노동자로 정착해 버리는 경우가 많았다.

19세기 말이 되자 '작센 이동'은 오늘날의 독일에서도 중요한 공업 지대인 라인란트와 베스트팔렌으로 바뀌어졌다. 이 공업 지역으로 온 계절 노동자의 대부분은 폴란드 인이었음은 두말 할 필요조차 없었다.

그것은 폴란드 인으로부터 농토를 빼앗으려는 그 당시 유럽의 분위기 속에서 폴란드 농민들이 농토를 지킬 자금을 벌기 위해 계절 노동자로 나섰기 때문이다. 또한 공업 노동의 임금은 농업 노동의 임금보다 두 배나 높았기 때문에 너도나도 달려들었다.

이 때 생긴 '폴란드 놈'이란 싼 임금에도 목숨을 걸고 일하며, 굶어 죽을 지경에 빠지더라도 열심히 저축하는 사람을 속되게 부르는 말이 되었다. 저축한 돈으로 고향에 돌아가 농토를 사는 것이 '폴란드 놈'의 소박한 꿈이었다.

동엘베에는 이런 폴란드 인 이외에도 동프로이센 주의 마즈르 인과 서프로이센 주의 카슈브 인과 같은 서슬라브계의 소수 민족이 독일인의 지배를 받고 있었다. 한마디로 말해 동엘베에서는 독일인이 민족적인 지배자였다. '작센 이동'은 독일인 내부의 계절 노동자 문제만이 아니라, 독일인과 폴란드 인 사이의 문제이기도 했다.

그리하여 폴란드 인의 고통은 오랫동안 계속되고 있었다. 물론 현재도 마찬가지라 할 수 있다.

15
죽음의 상인

제1차 세계대전은 1914년부터 1918년까지 4년간에 걸쳐 당시 세계의 독립국 59개국 중 33개국이 참가한 글자 그대로의 세계적인 전쟁이었다. 당시 세계 총인구의 4분의 3이 전쟁의 소용돌이에 휘말렸다는 계산이다.

그리고 이 전쟁은 그 때까지 인류의 전쟁에서는 생각할 수도 없는 비참한 신기록을 세웠다. 전사자가 무려 2천만 명, 그것도 군인이 아닌 비전투원이 1천만 명이나 사망한 전무 후무한 기록이다. 제2차 세계대전의 기록도 이것에는 미치지 못했기 때문이다.

과연 이 잔혹 무비한 기록이 어떻게 만들어졌을까?

가장 큰 이유는 가공할 파괴력을 지닌 새로운 대량 살상 무기 —— 전투기·탱크·독가스 등 —— 가 속속 발명되어 무차별적인 살륙전에 동원되었다는 데 있다.

독일이나 영국·프랑스 등의 교전국에서는 근대 과학의 진보를 전쟁에 적극적으로 이용했다.

또 하나의 이유는 새로운 무기나 탄약·병기를 대량 생산하여 각 국에 팔아 큰돈을 벌어들인 자본가들이 있었다는 점이다. 그들은 사람을 죽이는 병기를 생산하고 많은 사람들이 죽어가는 전쟁을 이용하여 부를 축적하여 '죽음의 상인'이라고 불리었다.

제1차 세계대전을 그 때까지의 전쟁과 구별하여 '현대 전쟁'이라 고 부르는 이유는 현대 병기와 살인 청부업자가 된 죽음의 상인이 활약했기 때문이다.

서부 전선이 전면적으로 교착 상태에 빠지게 되었을 때, 독일 국 내에서는 군사 물자 생산으로 업종을 바꾸려는 자본가들이 줄을 이었다.

예를 들면 1914년 10월 25일자 〈베를린 신문〉의 광고에는 이런 것들이 실려 있었다.

'10만 마르크의 자금으로 군수품 생산에 참가를 희망함. 견실한 기업임.'

'군수 물자 생산을 하는 사업이나 공장에 참여하기를 희망하는 자본가임. 분야는 상관 없음.'

'6백만 마르크를 육군에 납품하는 일류 기업에 한해 출자를 희망 함.'

막대한 양의 포탄을 한순간에 소비해 버리는 소모전이 장기화됨 에 따라 거대한 군수품 생산 회사로 성장하는 기업이 우후 죽순처럼 생기게 되었다.

대표적인 회사로 독일 무기 탄약 제작 회사가 있다. 이 회사는 1918년 11월 패전하기까지 막대한 양의 무기와 탄약을 독일 군부에 계속 납품했다. 이를테면 93만 정의 소총, 68만 정의 권총, 5만 8천 정의 기관총, 1억 1천1백 발의 포탄, 40억 개의 보병용 탄약통, 2천 2백만 개의 대포 탄약통, 5억 8천만 개의 뇌관, 99만 개의 볼베어 링, 그 밖에 탄약 보호대·탄약통 띠·탄알 보호대에 끼우는 탄약, 포탄…….

1917년에 이 회사의 순이익은 1916년의 820만 마르크에서 1,270 만 마르크로 났다. 그리고 주주에 대한 배당금도 20퍼센트에서 30 퍼센트로 늘었다. 이렇듯 군수 대호황이었던 것이다.

이것은 상대국인 영국도 마찬가지였다. 영국의 병기 제조 회사인 비커스 사는 원래 작은 주물 공장이었다. 이 회사는 대영제국의 해 군 확장 정책에 편승하여 전함을 만들기 시작했을 뿐만 아니라, 건 조 기술의 개량에 성공하여 거대한 병기 회사로 성장했다. 그리고 세계 대전이 일어나자 연합국의 병기 공장이 되어 더욱 규모를 키 워나가게 된다.

그리고 이 회사는 정계·재계·퇴역 군인 등 유명 인사 다수를 주주로 하고, 왕족·귀족이나 지방 유지를 중역으로 초빙하여 기반 을 더욱 다졌다.

신병기의 개발과 제조는 생산을 독점할 수 있으므로 큰 이익을 챙길 수 있었다. 전쟁 중 비커스 사는 비행기 5,500기, 잠수함 53척, 중포 2,328문, 전함 4척, 순양함 3척, 소함정 65척을 제조하여 납품했다.

전쟁이 끝났을 때 이 회사의 자본금은 555만 파운드에서 1,232만 파운드로 두 배 이상이나 뛰어올랐다.

오늘날에도 무기 상인들은 전세계에 걸쳐 검은 마수를 뻗치고 있다. 물론 우리 나라도 예외는 아니다. 얼마 전에도 외국의 무기업자에게 수억 달러를 사기당했다는 기사가 대문짝만하게 났으니 말이다.

16
고래 싸움에 새우 등 터진다

제1차 세계대전의 불꽃은 아프리카에까지 튕겨져 불타올랐다. 이 당시 아프리카는 영국·프랑스·독일·벨기에·스페인·포르투갈 등의 유럽 여러 나라에 의해 분할된 식민지 대륙이었다.

그러니 전면전의 양상을 띤 세계 대전에서 유유히 구경만 하고 있을 처지가 못 되었다. 특히 남북으로 이웃한 독일령 동아프리카(지금의 탄자니아)와 영국령 동아프리카(지금의 케냐)에서는 유럽 못지않은 격전지가 되고 말았다.

군대에는 아프리카 인 주민이 징병되었다. 흑인들 대부분이 아무 영문도 모른 채 강제로 소집되었다.

그들은 백인 상관들이 시키는 대로 정렬하여 서류에 손도장을 찍어야 했고, 하나하나 이름과 번호가 붙여져 입대 절차를 마쳤다. 흑인들은 잘 맞지도 않는 구두를 지급받고 세면 도구를 하나씩 들고 입영했다.

소총을 들고, 위통은 알몸인 평소대로의 모습에 군화만 신은 흑인 병사들은 수백·수천 명을 단위로 한 부대에 편성되었다. 지휘관은 물론 백인이었다. 다만 일족의 우두머리인 추장은 특별 대우를 받았다.

하여튼 식민지가 되기 전에는 같은 동아프리카의 원주민들이었던 흑인들이 그 무렵에는 독일과 영국의 각 입장에 서서 적과 아군으로 갈라져 싸우는 기묘한 운명에 빠진 것이다.

독일군의 총사령관은 호르베크 장군이었다. 그는 연합국의 전투력을 될 수 있는 한 동아프리카에 묶어 유럽 전선에 대한 부담을 줄이고자 신출 귀몰한 전투를 펼쳤다.

처음에는 호르베크의 군대가 위세를 떨쳤다. 하지만 1916년이 되자 영국의 스마트 장군이 남아프리카 연방의 군대를 이끌고 동아프리카에 상륙하자 전세가 역전되었다. 게다가 영국과 인도에서 원군이 몰려왔고, 서쪽의 벨기에 령 콩고에서도 벨기에 군이 쳐들어왔다. 그러니 당연히 형세는 역전되었다.

그러나 호르베크 군은 포르투갈 령 모잠비크로 달아났다가 영국령 로디지아를 공격하기도 하면서 종전이 될 때까지 전투를 계속해 적인 영국군까지도 그를 존경했다고 한다.

동아프리카 전선이라고 불리어지는 이 전쟁에 영국령과 독일령 동아프리카에 사는 원주민 16만 명이 징용되었다. 전쟁터가 된 원주민의 마을은 불에 타고, 경작지는 군화발에 짓밟혔다. 징용된 흑인 병사가 전사해도 영국이나 독일에서는 아무런 보상도 하지 않았다. 따라서 생활 대책을 잃은 과부와 고아가 부둥켜안고 우는 모습은 흔한 일이었다.

그들은 그야말로 '고래 싸움에 새우 등 터지는' 격으로 아무런 의미도 없이 목숨을 잃었던 것이다. 게다가 전쟁의 결과는 독일령 동아프리카를 통치하는 식민지 청사에 펄럭이는 깃발이 독일 국기에서 영국기 '유니온 잭'으로 바뀐 데 불과했다. 아프리카 인이 지불한 큰 희생은 조금도 보상되지 않았던 것이다.

하여튼 동아프리카에서의 영독 전쟁은 책략에 능하고 교활한 제국주의자의 모습과, 순종적이며 정치에 무지한 아프리카 원주민의 비극적인 모습을 적나라하게 보여준 것이라 할 수 있겠다.

제**2**부
찬탄과 두려움의 대상, 독일인

17
엄격한 규칙과 질서

"영국인 경찰, 프랑스 인 요리사, 독일인 기술자, 스위스 인 관리, 이탈리아 인 연인과 같은 조합으로 유럽이 통합되면 천국이 따로 없을 것이다."

유럽인들이 각국의 국민성을 비유해 유럽 통합이 완성되었을 경우를 가상하여 주고받은 농담이다. 반대로 영국인 요리사, 독일인 경찰, 프랑스 인 관리, 이탈리아 인 기술자, 스위스 인 연인의 식으로 유럽 통합이 완성된다면 그건 분명히 지옥이 될 것이라는 농담도 자주 등장한다.

원리·원칙을 철저히 지키고 기본을 중시하는 기질 때문에 독일은 세계 최고의 기술 대국이 되었다. 반면에 이 같은 독일인이 경찰이 되면 숨쉴 여유조차 없는 삭막한 세상이 되리라는 것이 다른 유럽 민족들의 생각인 것이다.

독일의 여러 가지 관리 규정은 아마도 세계에서 가장 정확하고 엄격하다고 해도 과언이 아니다. 사소한 일까지 법으로 정해 놓고 있어서 인정과 관습에 기초해서 살아온 사람들에게 있어 여간 까다로운 것이 아니다.

그러나 독일인들이 법과 질서를 잘 지킨다는 것은 하나도 놀랄 만한 일이 아니다. 독일인이라면 누구나 "질서가 있어야 해"라는 말을 입버릇처럼 하니까 말이다.

그래서 그들은 법규와 경찰력에 매우 폭넓은 권한을 기꺼이 부여한다. 하지만 지나치게 경직된 준법 정신 때문에 가끔 다음과 같은 아주 괴상 망측하고 터무니없는 상황이 벌어지기도 한다.

새벽 4시쯤에 차량이 뜸한 차도에서 빨간 신호등이 들어와 있는 횡단 보도를 한 남자가 무단 횡단했다. 그런데 그가 길 한가운데쯤 갔을 때 갑자기 자동차 한 대가 질주해 와 그만 이 무단 횡단자를 치어 버렸다. 뒤이어 경찰이 달려오고, 그 남자는 병원으로 실려갔다. 하지만 그 남자를 친 운전자는 아무 일도 없었다는 듯이 유유하게 차를 몰고 그 자리를 떠났다.

때마침 유일하게 이 장면을 목격한 외국인이 어안이 벙벙해서 경찰관에게 다친 사람은 어떻게 되느냐고 물었다. 그러자 경찰관은 무뚝뚝하게 대답했다.

"그야 죽지 않으면 무단 횡단죄로 벌금 50마르크를 내야겠죠."

독일인의 질서는 수많은 규칙과 법칙으로 잘 나타난다. 비록 일상 생활의 아주 작은 부분이라도 이런저런 법으로 통제되고 있다.

독일 전역에 걸쳐 '조용한 시간', 즉 오후 1시 30분부터 3시 30분까지는 아무 소리도 내어서는 안 된다. 이것은 1820년대에 하모니

카나 아코디온 등의 악기 연주가 대유행이었을 때, 이 악기들 때문에 발생하는 소음에 질려 버려 법으로 규정되었다고 한다.

만약 일요일 오후에 잔디를 깎으면 이는 두 개의 법을 어기는 것이 된다. 왜냐 하면 일요일에 수작업을 금하는 법을 어기는 것이고, 또 소음을 금지하는 법을 어기는 것이기 때문이다.

밤 10시가 넘은 시간에도 사방이 쥐 죽은 듯이 조용해야만 한다. 다층 주택에 사는 사람이 밤 늦은 시간에 변기물을 내리거나 목욕을 하려면 먼저 정말 그래도 괜찮은지 최소한 다섯 번 이상은 심사 숙고해 보아야 한다.

목욕을 하기로 결단을 내리는 경우에도 욕실에서 노래를 부르는 것만은 삼가는 것이 신상에 이롭다.

프랑스에서는 '금지된 것도 허용된 것이나 마찬가지'이고, 러시아에서는 '허용된 것도 금지된 것이나 마찬가지'이다. 독일에서는 '문서로 허용된 것임을 증명되어 있음을 증명할 수 있는 경우를 제외하고는 모두 다 금지되어 있다'고 보면 크게 틀리지 않는다.

그리고 독일인들은 그 어느 민족보다도 고발 정신이 매우 강하다. 함께 모여서 떠들고 놀기를 좋아하는 한국인들이 가장 수난을 당할 수 있는 나라가 독일이리라.

개인주의적인 성향이 강한 유럽에서는 모두 비슷한 경향이 있지만, 유독 독일에서는 된장국 냄새만 풍겨도 이웃의 고발로 출동한 경찰을 만나야 한다.

한 재독 교포의 회고담을 들어보자.

"얼마 전에 고국의 친척들이 독일을 방문한 적이 있었지요. 그래서 잔치를 하기 위해 인가에서 아주 멀리 떨어진 산기슭에서 바비큐를 하는데, 글쎄 어느 틈에 경찰이 알고 단속을 나오더라고요. 벌금 통지서를 받고 하도 신기해서 어떻게 알았느냐고 물었지요. 그랬더니 멀리서 차를 타고 가던 사람이 일부러 경찰서에 들러 신고했다는 거예요. 이거 웃어야 할지 울어야 할지 원……."

독일에서는 일단 신고된 것은 경찰이 의무적으로 나서게 되어 있다. 어물쩍 넘겼다가는 그야말로 비리 경찰로 낙인 찍히고, 사회에서 축출되어 버린다. 따라서 신고 정신 때문에 질서가 잘 유지되고 있는 사회이지만, 지나친 원칙주의에 의거한 사회는 인정이 메마른 사회라고나 할까…….

독일에는 '팬스터 안샤우어(Fenster Anschauer)'라고 일컫는 창문 감시자가 어디에든 존재한다. 커튼 틈으로 창 밖을 유심히 관찰하는 노인들이 바로 그 주인공이다.

그들은 이웃 사람이나 지나가는 사람의 일거수 일투족을 감시하는 무인 카메라와 비슷한 존재이다. 낯선 곳에서 익숙하지 않은 행동을 하다가 본의 아니게 이 감시자의 고발로 경찰의 방문을 겪은 사람은 헤아리기조차 힘들 지경이다.

그러나 뭐니 뭐니 해도 가장 특이한 것은 굴뚝 청소에 관한 규칙이다. 독일에서는 적어도 1년에 두 번씩은 굴뚝 청소부들이 집이나 가게로 찾아온다.

검정 옷을 입은 이들은 사다리와 빗자루를 짊어지고 집집을 돌아다니면서 굴뚝 청소를 해 준다. 굴뚝 청소부는 18세기부터 오랜 전통을 가진 직업이다.

굴뚝 청소 규정은 환경 보호와 화재 방지를 위해 오래 전에 제정되었다. 최소한 1년에 2번 이상 굴뚝을 청소해야 하고, 난방 장치(대부분 지하실에 있다)의 안전성과 화재 위험성에 관한 검사를 받아야 한다.

굴뚝 청소부들이 자주 다니는 곳이 있다. 바로 나무 땔감으로 빵이나 과자를 굽는 빵집이나 과자점이다. 이런 곳은 매달 굴뚝 청소를 해야 한다. 나무를 많이 때기 때문이다. 그리고 각 구역마다 굴뚝 청소 마이스터와 그의 조수가 있다. 굴뚝 청소부들이 맡은 구역은 관청에서 배당해 준다.

독일에서는 굴뚝 청소부들이 '행운을 가져다주는 사람'으로 인식되어 누구나 이들을 좋아한다. 또한 이들은 정직하고 친절하여 주민들로부터 사랑을 듬뿍 받고 있다.

이 직업은 대물림하는 경우가 많아서, 아버지가 굴뚝 청소부인 경우 아들도 그 일에 종사하곤 한다. 예펀데 펠베트에서 30년 동안 굴뚝 청소부로 일하는 플로리안 휴텐마이스터 일가의 족보가 그 뚜렷한 예이다. 1800년경에 증조부가 굴뚝 청소부로 일을 시작한 이래 조부·아버지·아들·손자에 이르기까지 거의 200년이 가깝도록 굴뚝 청소의 일에만 매달렸던 것이다.

그런데 독일에도 개인의 자유가 보장되는 것이 두 가지 있다. 속도 제한이 없는 '아우토반 고속 도로'와, 어느 곳에서도 담배를 피울 수 있다는 것 두 가지이다. 독일인들에게는 빠른 속도로 운전하는 것이 내면에 잠재해 있는 공격성을 배출하는 기회라고 여기는 듯하다.

원하는 곳에서는 어디서든 담배를 피울 수 있다는 것도 하나의 작은 독립 선언이라고 할 수 있다. 그렇지만 루프트한자 항공사는 비행 예정 시간이 90분 이내인 국내선에는 담배를 금지키로 결정했다. 그런데 이 발표가 있은 후 탑승객들의 항의가 그치질 않아 그만 슬그머니 취소한 적도 있었다. 어쨌든 ‘금연’이 세계적인 추세인지라 끽연 자유가 과연 독일에서 얼마나 지탱할지 ‘골초’들은 불안에 떨고 있으리라.

18
외국인이 보는 독일인, 독일인이 보는 외국인

외국인이 독일인에게서 느끼는 감정은 찬탄에서 공포심까지 엄청난 진폭을 지니고 있다. 윈스턴 처칠이 한때 그랬던 것처럼 그들에게 넌덜머리를 내든가, 그렇지 않으면 외경심을 갖게 된다는 말이다.

독일인은 효율적으로 일하고, 자기 중심적이며, 거만하고, 군림하려는 경향이 있는데, 전체적으로는 기술과 관리에 능하다는 것이 대체적인 편이다.

영국인이 보는 독일인은 조금 모호하다.

"독일인은 과대 망상증이 심하고, 요리 솜씨가 형편 없는 말 잘 듣는 족속이다."

이것이 독일인을 대하는 영국인의 대체적인 관점이다. 자기네 왕실이 독일인의 후예라는 사실을 속 편하게 잊어버리고서 독일인을 홀대하는 것이다.

18세기 초엽, 앤 여왕이 자식을 남기지 못하고 죽자, 영국 왕실은 앤 여왕의 유지를 받들어 북독일 하노버 가문의 조지 1세를 영국 왕으로 모셔왔다.

그리고 19세기 중반의 조지 4세까지 그 직계 자손들이 왕위를 대물림한 바 있다.

그러나 무엇보다도 영국인은 독일인을 보면 무엇보다도 먼저 그 지긋지긋했던 1차, 2차 세계 대전을 떠올리고 예의상으로,

'전쟁 이야기는 입 밖에 내지도 말아야지!'

하고 다짐하면서도 속으로는,

'이 사람은 전쟁을 겪은 세대인가, 아닌가?'

하고 저울질한다.

프랑스 인들은 이제 독일인을 미워하지는 않는다. 그렇다고 좋아하는 것도 물론 아니다.

프랑스 인은 독일인이 산업에는 매우 뛰어나다고 인정하면서도 문화적으로는 아주 형편 없는 민족으로 간주한다. 또한 독일인은 정치적으로도 뒤떨어진 민족으로 통하는데, 그것은 제1차 세계대전의 패전으로 모든 식민지를 빼앗기고 국제적 망신을 당한 과거가 있기 때문이다.

이렇다 할 식민지가 없기로는 이제 프랑스 역시 마찬가지 처지이다. 하지만 그래도 프랑스의 언어와 문화가 세계 곳곳에 살아남아 있다는 것이다.

프랑스 인은 독일인이 자기 네와 여러 가지 비슷한 면이 있다는 사실을 불쾌하게 여긴다. 그러나 형식을 중시하는 태도, 인종적 순

수성에 대한 집착과 역사적 운명에 대한 믿음 따위에서 분명히 공통점이 있다.

이탈리아 인들은 독일인들이 어떻게 누군가에게 뇌물을 먹이지 않고도 골치 아픈 문제들을 그렇게 잘 처리할 수 있는지 도무지 이해하지 못한다. 그러나 그들 역시 독일인이 세련감이나 멋과는 거리가 먼 족속이라고 생각한다.

오스트리아 인에게 있어 좋은 독일인이란 가능한 한 멀리 떨어져 있어야 할, 더 멀 수 없다면 되도록 대서양 저편에 있으면 좋을 그런 족속을 말한다.

사실 오스트리아는 지금의 독일 이전인 프로이센과 자주 툭탁거렸다. 그런데 대부분 두들겨맞는 역할이었다. 또한 제2차 세계대전 때에는 히틀러에게 점령당하여 나라가 해체되기까지 했으니 좋은 감정을 가질 수는 없으리라.

독일인들은 일반적으로 영국인을 좋아하지만, 지난날 이 짝사랑 때문에 여간 속을 끓이지 않았다. 하여튼 정치·사회·산업 기술 등 눈부신 진보적 업적을 이룬 영국은 독일인에게 있어 당시 최상의 모범이었다.

그들은 영국인을 매우 친절하고 예의바르며, 자기들과 거의 비슷하다고 보고 있다. 사실 독일은 영국보다 산업 혁명과 근대화가 한참 늦었던 독일에게 있어 선생님의 나라였다.

한때 '엥글로마니아'라는 영국병이 지식층에 유행처럼 번진 적도 있었다는 것을 여기에 부기해 두겠다.

독일인은 이탈리아 인에 대해서는 오랜 세월 나누어 가진 공통의 역사적 경험 때문에 일종의 동류 의식을 가지고 있다. 그것은 전쟁·침략, 그리고 또 다른 종류의 '여행(Reise : 원래 전쟁을 위한 출정이라는 뜻을 지님)'을 통해 오래이고 지속적인 우호 관계가 형성된 것에서 비롯된다.

독일인에게 있어 이탈리아는 예술품과 음식, 아름다운 해변이 늘 동경의 대상이 되어 왔다.

또 하나의 공통점은, 자기네 독일과 마찬가지로 이탈리아도 역시 19세기에 와서야 민족 통일 국가를 이루었다는 사실에 동일감을 느끼고 있다.

프랑스 인은 인류 문명에 엄청난 기여를 한 민족으로서 찬양을 받는 동시에, 그들의 경박스러우리만큼 앞서가는 문화 때문에 한편으로는 동정을 받기도 한다. 문화적인 프랑스의 생활에 대한 동경 의식은 독일인들 사이에 널리 퍼져 있으며, 그것은 두 나라의 국경에 가까울수록 더욱 뚜렷해진다.

독일인에게 있어 지중해를 끼고 있는 프랑스 인들의 생활 양식과 문화적 풍요로움, 그리고 그 무엇보다도 온화한 기후가 부러운 것이다. 물론 이것은 일부 사람들이 느끼고 있는 휴가철에 국한된 감정이지만 말이다.

그리고 미국인에 대해서는 그 거침없는 실용주의에 찬탄의 눈길을 보내지만, 그들의 천박스러움까지 경탄하는 독일인은 별로 많지 않다. 독일인들은 미국을 '국가들이 모이는 교실을 다스리는 담임 선생님' 비슷한 존재로 보기 때문에, 비록 사랑하지는 않지만 그에 걸맞은 대접을 하고 있다.

　독일인들이 자신들의 도덕 관념에 비추어 모든 면에서 우월하다고 인정하는 유일한 나라는 소국인 스위스이다. 질서·검소·정확성·청결·철저함에 있어 독일인도 스위스 인 앞에서는 두 손을 들 수밖에 없다.

　그래서 스위스를 상대로 한 번도 전쟁을 벌이지 않았는지도 모른다. 왜냐 하면 만약 패할 경우 그 망신은 두고두고 이야깃거리가 될 테니까 말이다.

19
6시 30분 스트레스

독일처럼 밤과 낮의 경계가 확연히 그어진 나라도 없을 것이다. 낮엔 모두 일하고 밤에는 모두 쉰다. 그러므로 해만 떨어지면 북적거리던 거리가 마치 황량한 사막처럼 적막이 깃들인다. 그것은 '폐점법'에 따라 모든 가게가 시간에 맞춰 일제히 문을 닫아야 하기 때문이다.

그러나 선술집·카페·음식점·디스코텍 등 유흥업소는 영업을 하지만, 다른 모든 가게가 문을 닫는다. 그것은 대도시·중소 도시·시골을 막론하고 마찬가지이다.

그래서 독일의 밤은 감옥에 가깝다. 밤에는 물 한 모금 사 마시기도 쉽지가 않다. 특히 여행객에게는 이 같은 독일의 밤 풍경이 무척 곤혹스러울 수밖에 없다.

오래 전부터 독일에서는 '6시 30분 스트레스'라는 신조어가 널리 퍼져 있다.

그것은 오후 6시 30분에 가게 문을 닫기 전에 장보기를 마쳐야 하기 때문에, 그 시간을 항상 염두에 두어야 하는 부담을 안고 하루하루를 살아가지 않으면 안 되는 고충에서 비롯된 것이다.

따라서 오후 6시 30분 스트레스는 폐점법에서 기인한다. 원체 법을 만들어 시행하는 것을 좋아하는 독일이지만, 폐점법이 가장 독일적인 특징을 반영하고 있는 것으로 여겨진다.

폐점법은 노동자의 과도한 노동 시간과 영업 행위에서 비롯될 수 있는 부당한 과당 경쟁을 막아보자는 의도에서 1956년부터 실시되어 오고 있다.

사실 폐점법은 초창기부터 말이 많았다. 작은 가게를 변호한다는 법의 본취지와는 거꾸로 손해 본다는 이유에서였다.

폐점법은 주당 점포의 총 개점 시간을 64시간 30분으로 규정했다. 여기다 '랑거잠스탁'이라고 해서 한 달에 한 번 첫번째 토요일은 오후 6시까지 영업할 수 있도록 했다.

그러니까 월요일부터 금요일까지는 아침 7시에서 저녁 6시 30분까지, 토요일은 오후 2시, 첫토요일의 경우는 오후 6시까지가 영업 시간인 것이다.

독일에서 7시에 문을 여는 점포는 거의 없다. 보통 8시 30분 아니면 9시에 주당 54시간쯤 영업하는 셈이다. 현재 임금 계약상 종업원의 주당 노동 시간이 38시간 30분이니 영업 시간보다 종업원의 노동 시간이 짧다.

그래서 아르바이트 등으로 시간 부족을 메우고 있다. 그리고 소위 '6시 30분 스트레스'라는 것도 이같이 점포 문 닫는 시간에서 생겨났다.

그러나 지난 수년 동안 찬반을 거듭해 왔던 상점 운영 시간 문제는 결국 1996년 11월 1일부터 평일에 한하여 오후 6시 30분에서 8시로 연장하기로 법이 개정되었다.

이 규정이 바뀌게 된 것은 아무래도 경제 활동의 증가 때문이라고 해야겠다.

국민들의 복지와 삶의 질을 내세워 보수적인 생활 방식을 지켜온 독일인들도 활발한 경제 활동의 요구 앞에 굴복하게 된 셈이다. 통일 이후 경기의 하강이 지속된 데다가, 실업자의 증가가 사회 문제가 됨에 따라 경제의 활성 및 고용의 증대를 겨냥해 이 규정을 수정하게 된 것이다.

따라서 오후 6시 30분이면 시내 중심가가 고요했던 풍경이 앞으로는 상당히 바뀔 것이라고 모두들 기대하고 있다.

사실 독일의 관리 규정은 그 동안 지나치게 엄격하고 융통성이 없었던 것이 사실이다. 오후 6시 30분에 상점 문을 닫도록 되어 있으면 단 1분만 초과해도 상점에서는 손님을 받지 않는다. 규정이 그렇다는 것이다.

독일의 수많은 관리 규정이 항상 좋은 것만은 아니다. 시행하기가 어려운 것은 둘째로 치고 불합리한 규정도 많다.

최근에 뮌헨 시에서 지하철 계단에 앉아 도시락을 먹는 학생에게 벌금이 선고되어 논란이 된 적이 있다. 뮌헨 시에서는 마약을 흡입한 중독자들이 지하철 부근에 뒹구는 사례가 많았다. 이를 근절하기 위한 조치로 지하철 계단이나, 바닥에 눕거나 앉는 것을 금지하는 규정을 시행하고 있다. 그러니 계단에 앉아 식사한 것도 법을 어긴 행동이 된다고 판결했던 것이다.

그러므로 이 논란은 결국 시당국의 의지대로 관철되고 말았다. 독일의 관청도 한국만큼이나 융통성이 없다고나 할까.

20
액체로 된 빵

독일인들에게는 맥주 한 잔, 소시지 한 조각, 편안한 분위기에서 부담 없이 불평을 늘어놓을 수 있는 독일인 친구 한 사람은 만족스러운 하루를 위해 필요한 것의 전부라고 해도 과언은 아니다.

독일의 맥주집이 영국의 선술집이나 미국의 바와 다른 것은, 단골 손님은 결코 바에 앉지 않고 테이블에 앉는다는 점이다. 그리고 정말 좋은 것은 그 뛰어난 맥주 맛이다. 그래서 그 맛을 내기 위해 맥주 조끼 하나에 거품을 두툼하게 하여 신선한 맥주를 따르는 데 8분이나 걸리기도 한다.

맥주는 대중적이어서 종종 '액체로 된 빵'이라고 불린다. 독일은 4천 가지의 서로 다른 맥주 상표를 가지고 있는 국가로, 세계의 맥주 공장 3분의 1인 1,300개가 있다.

많은 사람들에게 맥주는 단지 생활 용품이 아니라 '인생의 목적'이다. 맥주에 대한 이러한 애착 때문에 시골에 있는 소규모의 양조장들은 예나 지금이나 변함없이 호경기를 누리고 있다.

맥주 양조장은 전통적으로 수도원과 관련이 깊다. 그것은 옛날에 수도사들이 스스로 곡차를 만들어 마시면서, 그것을 신도들에게 팔아 수도원 유지비에 썼기 때문이다.

독일 맥주가 질이 좋은 것은 그 무엇보다도 1516년에 처음 제정되어 지금까지 유효한 '라인하이츠게보트' 덕분이다. 라인하이츠게보트란, 글자 그대로 번역하면 '청결 규정'이라고 할 수 있는데, 단순한 식품 위생 관리 규정보다 폭넓은 의미를 갖고 있다. 또한 독일 식품 산업 전반에 이 규정들이 적용되기 때문에, 독일에 식료품을 수출하려는 무역인들은 꼭 알아두어야 할 것이다.

청결 규정에 따르면 맥주를 만들 때는 오직 물·맥아·호프만을 써야 한다. 이 때문에 외국산 맥주에는 독일의 청결 규정법에 의해 제조되었다는 문구가 꼭 들어 있다.

독일인의 일인당 맥주 소비량은 145리터로 단연 금메달감이다. 독일에서는 각 지방별로 특색 있는 맥주가 생산되기 때문에 이른바 '비어 라이제(맥주 기행)'이라는 말이 유행하고 있다.

전반적으로 보면 북부 지방에는 쌉쌀한 맛이 많이 나는 맥주가 생산되고, 남부 지역은 연하고 단맛이 많이 나는 맥주를 생산한다. 북독일 지방의 대표적인 맥주는 '필스터' 또는 '필스'로 불리는 맥주이다. 함부르크·도르트문트·프랑크푸르트에서 많이 생산되는 황금색에 약간 쓴맛이 나는 저발효 맥주로, 독일 전체 맥주 소비량의 50%를 차지한다.

이 맥주는 원래 보헤미아 지방에서 개발된 것으로, 우리 나라에서 마시는 맥주도 이 종류이다.

뒤셀도르프에는 짙은 적갈색으로 약간 호프 맛이 나는 '알트비어'가, 또한 쾰른 지방에는 황색의 옅은 빛깔을 띠고 산뜻한 맛이 특징인 '칼슈비어'가 생산된다. 칼슈비어는 가늘고 작은 컵으로 마시는 것이 주법이다.

베를린 지역은 약간 단맛이 나는 여성 취향의 맥주인 '베를리너 바이세'가 유명한데, 여름철에 즐겨 마신다.

다갈색이면서 쓴맛이 나는 '라우흐비어'는 밤베르크 지방에서 생산되는데, 특히 연기 속으로 맥주 보리를 통과시켜 만든 것이다.

10월의 맥주 축제로 유명한 뮌헨에서는 옅은 색의 '헬레스비어'와 짙은 갈색의 '둥켈스비어'가 생산된다.

독일인은 전통을 귀중하게 여기며 성실하게 전통을 지킨다. 그들은 무엇보다 다양한 전통 축제를 매우 좋아하는데, 그 대부분은 동네 축제라고 할 수 있다. 축제에서 가장 핵심적인 것은 물론 '맥주 마시기'이다.

전형적인 동네 축제는 아침부터 거나하게 맥주를 마시는 것으로 시작된다. 그러고는 동네 교회에서 예배를 보고, 그런 다음 다시 한 차례 맥주 잔치를 벌인다.

그런 다음 주최측의 개막 연설을 듣는 동안 마을 광장 주위에 둘러선 야외 맥주 판매대 앞에서 또 한 잔 들이켜고, 이어서 행진을 하는 동안 또 한바탕 목을 축인다.

물론 축제가 끝난 다음 다시 여러 잔 맥주를 들이켬으로써 대미를 장식한다.

집을 지을 때 흔히 행하는 상량식은 독일 어디서나 볼 수 있다. 새 집의 뼈대가 완성되기 무섭게 건축주는 이웃과 일꾼들을 초대해서 파티를 연다. 그 때 모두들 맥주를 그야말로 배가 터지도록 마시는 것이다.

가을에는 추수를 하기 때문에 축제를 열어야 할 이유도 많아진다. 이런 종류의 축제 가운데 판을 크게 벌이기로는 세계적으로 이름난 뮌헨의 '시월 축제'가 단연 으뜸이다. 16일 동안 계속되는 이 축제에서 바이에른 주 사람들과 관광객들은 해마다 맥주 소비 신기록을 갈아치운다.

21
질보다는 양

독일인들은 독일 음식이 영국보다는 괜찮다고 말한다. 유럽에서 가장 요리를 못 한다고 알려진 영국과 비교하는 것을 보면 독일 음식이 별로라는 것을 그들도 아는 듯하다.

사실 독일 음식은 평판이 별로 좋지 않다. 심지어 '지방과 탄수화물의 덩어리'라는 혹평도 종종 듣는다.

유럽에서 흔히 듣는 농담이 있다.

"프랑스 인은 맛을 따지고, 영국인은 식사 예절을 따지고, 독일인들은 음식의 양을 따진다."

그만큼 독일인들은 일단 한번 먹기 시작하면 좀체로 음식 그릇에서 손을 떼지 않는다.

샤를 드골은 언젠가 이렇게 탄식한 적이 있다.

"치즈 종류만도 200가지가 넘는 프랑스를 다스리는 것은 하늘의 별을 따는 것보다 어렵다."

그런데 드골은 독일에 350가지가 넘는 빵과 1,500종류의 소시지가 있다는 것을 몰랐던 것 같다.

소시지의 주성분으로는 쇠고기·양고기·돼지고기·닭고기·토끼고기·말고기 등 매우 다양하다.

그리고 빵은 여러 가지 형태로 온갖 크기의 것이 있어 눈이 어지러울 지경이다. 물론 색깔도 다양하다.

특히 독일인들은 기울을 제거하지 않은 천연 밀가루를 좋아한다. 이것은 건강 때문이 아니라 습관이라고 외국인들은 흉보지만 독일인들은 대수롭게 여기지 않는다.

독일인에게 있어 봄철은 '사파겔(아스파라거스)'의 계절이다. 그들은 모든 음식에 빠짐없이 아스파라거스를 곁들여 먹는다. 바바리아를 여행하는 사람들은 '아스파라거스 박물관'을 꼭 구경하시도록.

독일인이 '게걸스러움'으로 악명을 떨치게 된 것은 전쟁과 전후 복구 사업으로 인한 오랜 궁핍의 시대가 끝나고, 처음으로 넉넉한 돈과 그 돈으로 살 넉넉한 물건을 가지게 된 1950년대였다. 전쟁이 끝났을 때 독일인들은 빈 땅이라면 어디든지 곡식과 채소를 심었다. 베를린의 중심지인 국회 의사당 앞에 있는 광장마저 밭으로 이용된 것을 보면 당시 사정을 알 만하다.

하여튼 독일인들은 굶주렸던 옛날에 대해 복수라도 하려는 듯이 이른바 '먹자판'에 휩쓸렸다. 오늘날까지 다른 나라에 일반적으로 알려져 있는 '징그럽게 뚱뚱한 독일인'이라는 인상은 그 시대가 만들어 낸 '두 개의 턱을 가진 탐식가'들의 모습에서 유래한 것이다.

하지만 일부 사람들은 독일인의 '먹자판'은 옛날부터 내려오는 오랜 전통이라고 주장한다. 옛날 독일은 수많은 왕국과 공국으로 분열되어 있었다. 이 때 사람들은 자신들의 도시나 성을 외부의 침입자로부터 스스로 방어해야만 했다.

이를 위해 1년에 한 번씩 사격 대회를 열어 사격왕을 뽑았다. 이 대회를 마칠 때에는 모든 시민들이 참여하는 축제가 열리곤 했다. 이 때 맥주와 음식이 배가 터지도록 풍부하게 제공되었다고 한다.

1519년, 사격 축제에서 시민들이 온통 먹자판으로 흥청대는 것을 본 종교 개혁가 마틴 루터는 이 잔치가 '배 터지게 먹고 폭음하는 망나니짓'이라고 비난을 퍼부었다. 하지만 이 잔치는 지금도 끄떡없이 매년 개최되고 있다.

지금 독일인들은 자기네의 식습관이 건강에 해롭다는 사실을 분명하게 인식하고 있다. 그래서 요즈음은 지방을 훨씬 적게 먹는 대신 야채와 과일을 많이 먹는다. 또한 맥주 대신 광천수를 마시려고 노력하고 있으며, 단백질과 지방이 적은 가벼운 음식을 높이 평가하는 경향이 있다.

그러나 딱 한 가지만은 소비가 줄지 않고 있다. 다른 유럽 국가들보다 돼지고기를 많이 소비하는데, 그 양은 1년에 약 450만 톤이나 된다. 이것은 일인당 하루 156그램에 달한다.

그래서 독일에는 이런 속담이 있을 정도이다.

"사람은 빵만 먹고 살 수 없다. 반드시 소시지와 햄이 있어야 한다."

그리고 어떤 사람은 운이 좋을 때 이렇게 말하기도 한다.

"나는 돼지를 가졌다."

이것도 아마 모든 것이 어려웠던 시절, 그래서 돼지 한 마리를 갖고 있다는 것은 가족들이 먹을 양식이 있다는 의미를 지니던 시절에서 비롯된 것이 아닌가 싶다.

소시지는 레스토랑보다는 길가의 포장 마차에서 먹는 것이 제맛이다. '임비스'라고 부르는 포장 마차는 중심가 어느 곳에도 흔히 볼 수 있는데, 빵과 소시지를 먹는 남녀 노소로 북적거린다.

여기서는 돼지 족발까지 맛볼 수 있어 우리 나라 유학생이나 여행객들에게는 대인기이다.

22
독일의 대동맥 아우토반

'감옥에 갇혀 있던 아돌프 히틀러의 머리에 어느 날 아우토반(고속 도로)에 대한 구상이 번개처럼 떠올랐다. 도로가 서로 만나는 지점이 없는 자동차 전용 도로! 그야말로 혁명적이고 천재적인 아이디어였다.'

아돌프 히틀러의 업적을 평가할 때 단골로 등장하는 내용이다. 즉, 히틀러가 감옥에 있던 1924년 어느 날 세계 최초로 고속 도로를 구상했다는 것이다.

과연 이것은 사실일까?

히틀러는 분명히 1924년에 독일의 하인츠베크크 교도소에 갇혀 있었다. 그리고 그는 감옥에서 나온 뒤 정권을 장악하고 아우토반 구상을 큰소리로 선전한다.

히틀러가 노린 것은, 아우토반은 자신과 나치당의 구상이라는 것이었다.

"민족 통일을 위해 독일을 종횡으로 달리는 도로망을 만들어야 한다. 그래야만 독일은 번영할 것이다."

제1차 세계대전 이후 어깨가 축 처져 있던 독일 국민들은 히틀러의 이런 호소에 환호성을 터뜨리며 적극적인 지지를 표했다. 그 당시에는 누구도 이것이 히틀러의 구상이라는 것을 의심할 사람이 없었다. 그리고 그 이후에도 이것이 진실처럼 전해지고 있다.

그런데 역사의 다른 자료들은 히틀러의 아우토반 아이디어를 인정하지 않는다. 1921년에 베를린에는 이미 아우토반이 있었던 것이다. 1912년에 첫삽을 뜬 고속 도로를 당시에는 총길이가 9.8Km에 이르렀다. 비록 짧지만 일직선으로 뻗어 있으니 고속 도로가 틀림없었다.

또한 미국에서도 독일보다 약간 늦은 1920년대 초엽, 아우토반과 비슷한 고속 하이웨이가 존재하고 있었다. 뿐만 아니라 이탈리아에서도 1923~1924년에 걸쳐서 총길이 130Km에 이르는 고속 도로에서 자동차가 달리고 있었다.

그렇다고 해서 히틀러의 업적을 과소 평가해서도 안 된다. 무엇을 위해 건설했느냐를 떠나서 1938년까지 3,800Km에 이르는 고속 도로망을 건설하는 데 큰 역할을 한 것은 사실이기 때문이다.

아우토반은 비나 눈이 올 때나 커브길, 또는 위험 지역 등 일부 구간을 제외하고는 속도 제한이 없는 도로로 유명하다. 게다가 고속 도로 요금을 받지도 않는다.

아우토반은 우리의 경부 고속 도로에 비해서 차선 폭이 1.2~1.3

배 정도 넓다. 그리고 도로 중앙 분리대가 잘 설치되어 있어 야간 운행시 반대쪽 차선의 불빛이 비치지 않는다.

커브길은 완만할 뿐만 아니라 도로 경사율이 잘 반영되어 있다. 기본적으로 도로 자체가 자동차의 고속 주행이 가능하도록 건설되어 있다.

물론 아우토반에도 단점은 있다. 진입로의 예비 차선이 무척 짧아서 고속 도로 진입시에는 극도의 주의를 기울여야 한다. 그리고 출구의 경우 급커브인 경우가 대부분이다. 그러니 고속 도로를 빠져나갈 때는 반드시 속도를 충분히 줄여야 한다.

아우토반은 잘 관리되어 있기로 정평이 나 있다. 그러나 옛날 동독 지역은 관리가 잘 안 되어서 마차길처럼 덜컹거리는 곳이 많이 있다. 게다가 확장 공사를 하는 구간이 하도 많아서 고속 도로라고 말하기 어렵다.

아우토반에는 속도 제한이 없다. 기껏해야 시속 130Km로 달리는 것이 바람직하다는 '권장 최고 속도' 표시판이 있을 뿐이다. 하지만 처음 독일에 차를 몰고 온 외국인을 빼면, 이 자상한 권고를 따르는 독일인은 거의 없다.

하여튼 아우토반을 달리는 자동차는 매우 빠른 속도로 질주한다. 추월선인 1차선의 평균 속도는 시속 160~180Km나 된다. 특히 벤츠나 BMW 등의 독일 차들은 200Km 이상으로 달리는 것이 보통이다. 다른 외국 차들도 물론 그 정도의 속도를 내는 것은 문제 없지만, 초고속으로 주행하는 경우는 드물다.

자동차 가속 페달을 더 내려가지 않을 때까지 마음껏 밟아볼 수 있는 도로! 이것은 일상 생활의 모든 영역에서 제한과 금지가 판을 치는 독일에서는 엄청난 가치를 지닌 자유 공간이다.

따라서 독일 운전자들은 여기서 '자유로운 시민이 가진 질주의 자유'를 만끽하면서 내면의 욕구를 속도계 바늘을 통해 발산하는 것은 아닌지 모르겠다.

23
모든 것이 질서 정연

정확성·조직력·효율성·청결성·규칙 등 이런 것들이 독일인의 자랑이다. 사실 이런 것들은 독일인들의 질서에 대한 집념을 포괄적으로 드러내는 특성이다.

질서는 단순히 책상 위를 깨끗이 정리·정돈하는 정도에 그치는 것이 아니다. 독일에서 질서란 무엇보다도 올바름·순수함, 그리고 적절함을 의미한다.

독일에서 자주 쓰이는 말 중에는 '알레스 인 오르드눙(Alles in Ordnung)'이라는 말이 있다. 직역하면 '모든 것이 질서 정연'이고, 뜻으로 보면 '아무 문제 없다'라는 말이다. 이 한마디만큼 독일인의 마음에 꼭 와닿은 말은 달리 없다.

그리고 그들은 자라면서 '정리·정돈은 인생의 절반이다'라는 속담을 귀에 못이 박이도록 듣는다. 그래서 정리·정돈이 몸에 배어 있다.

그들은 서류 한 장도 버리지 않고 서류철에 분류해서 정리해 둔다. 독일의 어느 가정을 가거나 서류철을 분류하는 파일꽂이가 놓여 있는 것을 볼 수 있다.

독일에 유학 가는 외국 학생들이 일단 하숙집이나 기숙사에 들어가면 제일 먼저 사야 하는 것이 이 서류 보관철이다. 아주 조그마한 일에도 서류가 필요하다. 왜냐 하면 독일에서는 무엇을 하든 간에 서류를 꼭 주고받기 때문이다.

독일인은 '제대로 작동'하는 기계를 좋아한다. 그것은 기계를 사용하는 데 있어서 가장 근본적인 것은 바로 '제대로 작동'하는 것이기 때문이다.

자동차나 세탁기를 산 지 몇 달도 못 되어 말썽을 부리는 일은 절대로 있어서는 안 된다. 그것은 단지 소비자를 열받게 만드는 정도가 아니라 사회의 기본 질서를 파괴하는 사건으로 받아들여진다.

새로 집을 지을 때에는 이웃집 경계선에서 3m 이상 떨어져야 한다. 나무도 주의해서 심어야 한다. 왜냐 하면 나뭇가지가 이웃집 경계선을 넘으면 안 되기 때문이다.

아파트 관리 규정 역시 무척 까다롭다. 특히 월세로 사는 사람은 여러 규정을 꼭 지켜야 한다.

방 안을 자주 환기시킬 것, 장마철에는 난방을 잘 해서 곰팡이가 끼지 않게 할 것, 이사할 때에는 원래 상태로 복구해 놓을 것 등등……

만일 이것을 지키지 않으면 십중 팔구 보증금은 날아가기 마련이다. 집 안에서 애완 동물은 기르는 것도 쉽지 않다. 한밤중에 목욕

하는 것도 금물이다. 물소리가 이웃집의 수면을 방해하기 때문이다.

물론 라디오나 TV 소리가 밖으로 울려 퍼지는 것도 금지되어 있다. 한국에서처럼 아침부터 학성기로 천지가 떠나가도록 외쳐대며 물건을 파는 행상은 독일인들로서는 상상조차 할 수 없으리라.

외국에 갔다가 벽에 금이 구불구불하게 난 건물이나, 쓰레기가 발에 채이는 거리, 먼지를 뿌옇게 뒤집어쓴 채 돌아다니는 자동차를 보면 독일인은 너무나 어이가 없다는 표정을 짓는다.

'이 곳에 사는 사람들은 정말 이상하구나. 어떻게 만사를 질서 정연하게 조직하지 않고서 저런 상태로 참고 살 수가 있을까?'

독일인은 이런 고민을 하느라고 아까운 시간을 축낸다.

독일어도 질서 정연하다는 철자와 아주 딴판으로 소리를 내야 하는 고약한 단어는 찾아보기 힘들다. 써진 그대로, 발음도 질서 있게 나와서 발음 기호도 필요 없다. 한마디로 속일 수가 없다.

독일의 시골이나 소도시에 가면 가정집 정원들은 정리가 매우 잘되어 있다. 담이 없는 정원은 잡초를 눈 씻고 찾아보려야 찾아볼 수가 없다.

퇴근 후의 정원 가꾸기는 독일 남자들의 취미 생활이다. 그리고 주부들은 늘 쓸고 닦으며, 남자들은 열심히 정원을 가꾼다. 그래서 독일의 주택은 항상 정돈된 풍경이다.

영국에서는 '내버려 두라'거나, '망치지 않으려면 손대지 마라'는 식의 충고가 통한다. 그러나 만약 독일인에게 그런 충고를 한다면 정신 병자 취급당하기 딱 알맞다.

독일에서는 어떤 것이든 계획하려면 당연히 모든 것을 분류해 놓

아야 한다. 선과 악, 필수적인 것과 우연한 것, 네 것과 내 것 등
등……

공공을 위한 것은 사적인 것과 절대로 혼동되어서는 안 된다. 그
리고 어떤 대가를 치러더라도 진실과 거짓은 꼭 가려내야 한다. 또
한 모든 단어는 남성 명사와 여성 명사로 분명히 정의가 내려져야
한다. 이러한 구분은 끝없이 계속된다.

하여튼 독일인은 모든 것이 충분히 구분되어야지만 비로소 '질서
있다'고 말하기 시작한다.

24
부지런하고 친절한 동방의 천사

독일은 패전에 의한 빈곤을 딛고 1951~1956년 사이 GNP를 연평균 9.5%로 올리는 초고속 경제 발전을 이룩했다. 그리고 1958년에는 실업률이 거의 제로에 가까웠다.

급속히 발전하는 독일의 경제는 당연히 많은 노동력이 필요했다. 그러나 생활이 윤택해지고 일자리 선택이 쉬워지자, 독일인들은 육체적인 노동이나 사회적으로 인정받지 못하는 직업은 회피하는 경향이 생겼다. 소위 '3D' 현상이 독일에서도 일찍부터 있었던 것이다.

그래서 독일 정부는 1960년에 10만 명의 노동자를 외국에서 들여오기로 결정했다. 하지만 이웃 유럽 국가인 이탈리아·스페인·그리스 등의 노동력 도입으로도 필요한 숫자를 채우기가 어려워서 유럽이 아닌 다른 국가들도 해당 대상에 포함시키기 시작했다.

1970년 7월 25일, 한국과 독일은 정식으로 정부간의 간호사 파견에 관한 협정을 맺어, 한국 간호사들의 독일 진출이 본격적으로 이루어졌다. 이 때 '항공 대학 동기'라는 말이 우리 간호사 사이에서 크게 유행했는데, 이것은 같은 비행기를 타고 온 동료들을 뜻한다.

간호사들의 일은 힘겨운 중노동이었고, 게다가 사회적으로도 별로 인정을 받지 못했다. 그래서 간호사란 직업은 독일의 젊은 여성들 사이에 별로 환영받지 못하는 직업 중의 하나였다.

특히 정신 병원이나 양로원은 간호사들이 부족하여 문을 닫아야할 형편이었다. 이런 상황에서 우리 간호사들이 프랑크푸르트에 도착했을 때 독일의 많은 신문들은 '동방의 천사들 오다'라는 식으로 대서 특필하면서, 독일 병원의 인력 부족 현상을 다소나마 해결될 수 있으리라고 보도했다.

한국 여성들이 독일인들로부터 흔히 받는 질문이 있었다.

"당신은 간호사입니까?"

그래서 독일에 유학 온 여학생이나 기업체 직원 부인들은 '아니다'라는 말을 자주 해야 하는 번거로움을 겪었다. 한국의 간호사들이 한국 여성의 대명사처럼 인식되고 있는 것은 그들이 독일 사회에 심어 놓은 인상이 그만큼 깊다는 이야기이다.

사실 한국 간호사들은 독일에 한국의 얼을 심는 데 최선을 다 했다. 친절과 상냥함, 다른 독일 간호사에 비해 높은 직업 교육으로 역경을 이겨내면서 한국 간호사의 위상을 높였고, 또 초창기에는 독일에 한복을 소개시킨 디자이너겸 모델이기도 했다.

그들은 한국에서 올 때 가지고 온 화사한 한복을 입고 음악회·기념회 등 각종 행사에 참석하였다. 한복을 처음 본 독일인들의 관심은 높았고, 한국 간호사들은 조국을 소개하고자 하는 순수한 마음으로 부지런히 입고 다녔던 것이다.

독일의 노년층과 대화를 나누다 보면 거의가 한국 간호사의 친절과 책임감을 이야기한다. 노년층에 접어든 사람들은 병원에 입원한 경험이 한두 번씩은 있어 한국 간호사를 접한 적이 있기 때문에, 그들의 친절에 아직도 감탄하는 것이다.

병원은 연령층과 직업을 불문하고 많은 사람들이 찾는 곳이어서 한국 여성의 좋은 이미지는 독일인들에게 전체 한국인이 좋은 이미지를 가지게 하는 데 큰 공헌을 했던 것이다.

한국 간호사들의 독일행은 1976년으로 끝났다. 왜냐 하면 독일 정부가 더 이상 외국인 근로자의 모집을 하지 않겠다고 결정을 내렸기 때문이다.

그 때까지 독일의 한국 간호사는 총 10,032명이었다. 이들 중 많은 간호사들이 독일인과 결혼을 한다든가, 재계약을 맺는다든가, 직업 전환을 한다든가 해서 독일에 정착하여 살고 있다.

또한 여기에 광부들의 서독행을 빼놓을 수 없다.

그 당시 독일의 루르 지방은 독일 산업의 심장부로서 많은 광산들이 크게 붐을 이루고 있었기 때문에 한국인 광부들이 수용되었다. 그 숫자는 1977년까지 총 7,939명이었다.

당시 맺어진 한·독 양국 정부간의 쌍방 협정에는 3년 동안 한국인들이 독일 광산에 근무하면서 기술을 익히고, 그 기술로 한국의 광산업에 기여한다는 내용이 기재되어 있었다.

그러나 독일에 온 광부 대부분은 본래 한국의 광산에서 근무했던 사람들이 아니었다. 또한 귀국해서 다시 광산으로 갈 생각은 손톱만큼도 없었다.

독일 광산에서의 일은 한국에서 상상했던 것보다 훨씬 힘들었다. 우선 도구들이 한국인의 체격에 비해 훨씬 컸고 무거웠다. 그러니 유럽인보다 배나 많은 힘을 쏟아야만 했다.

자연히 병가가 속출했고, 고용주들은 한국인 광부들을 경원시했다. 그래서 3년이 끝나면 계약을 연장하기가 어려웠다. 그래서 우리의 광부들은 제3국으로 이민을 가거나, 다른 직종으로 직업을 바꾸는 경우가 많았다. 또한 우리 나라 간호사와 결혼을 하는 사례도 적지 않았다.

간호사와 광부, 이들이야말로 재독 교포의 원천인 셈이다.

25
숲이 죽으면 독일인도 죽는다

1989년까지 동서독 국경 근처는 '특수 폐기물 매립지'로 통했다. 서독은 유독 폐기물을 동독으로 '수출'했는데, 동독은 서독의 마르크를 짭짤하게 챙긴 다음 국경 근처 강물에다 쏟아부었다. 그러면 이것은 동독의 유독 폐기물과 뒤섞여 다시 서독으로 흘러들었다. 당연히 독일의 산하는 환경 오염으로 찌들었다.

무엇보다도 독일인들에게 엄청난 충격을 안겨준 것은 산성 비가 초래한 '숲의 죽음'이었다. 경제 기적이 숲을 파괴한다는 것을 알게 된 순간, 그들은 끔찍한 악몽에 빠져들었다.

독일인은 2천여 년 전 숲에서 뛰쳐나와 로마 제국을 쑥밭으로 만들어 버린 게르만 족의 후예이다. 그러므로 숲은 그들에게 있어 민족 신화의 고향이자 낭만적 감정의 중심 축으로 성스러운 장소인 것이다.

힌두교도에게 있어 소는 해쳐서 안 될 존재라면, 독일인에게 있어 숲이 바로 그런 대상인 것이다. 숲의 죽음은 곧 독일인의 죽음과 일맥 통한다.

독일의 바덴뷔르템베르크 주 서쪽에 위치한 숲이 많은 지역을 '검은 숲'이라고 부른다. 나무가 빽빽하여 멀리서 보면 검정색으로 보이기 때문이다.

그런데 '80년대에 들어 전혀 예상치 못했던 현상이 일어났다. 강물의 오염과 산업화로 인한 공장과 자동차의 급증으로 대기 오염이 심해지면서 나무들이 병들어 죽기 시작한 것이다.

누렇게, 또는 뻘겋게, 허옇게 숲이 병들어 죽어가자 독일에서는 난리가 날 수밖에. 거의 매일 병들어 죽어가는 나무의 모습과 그 원인을 찾는 기사가 신문에 나고, TV에서는 특별 프로를 편성해 대책을 토론했다.

정부에서도 숲이 죽어가는 원인을 면밀히 연구하고 그 대책을 모색했다. 그리고 그 첫번째 조치로 환경법이 개정되었다. 오염 물질의 허용 기준을 강화하고, 자동차의 배기 가스 방출량을 엄격히 제한했다.

산업체에서는 이를 지키기 위해서 새로운 환경 기술을 개발하고 도입해야만 했다. 환경법을 어긴 기업은 언론의 가차 없는 비난의 표적이 되었고, 불매 운동이 전국적으로 일어났다.

해서 모든 기업들은 환경 보호에 적극적으로 동참하여 새로운 환경 기술을 개발하고자 애썼다. 기업 이미지 차원에서도 이는 좋은 일이 되고 있다.

그 결과 다른 분야의 산업 기술은 미국이나 일본에 선두를 빼앗기고 있었지만 환경 기술만은 세계 제일을 자랑한다. 정부에서도 지원을 아끼지 않아, 환경 관련 첨단 기술은 오늘날 독일에서 미래의 유망 산업으로 떠오르고 있다.

'90년대에 들어와서는 쓰레기 종량제가 실시되었는데, 원체 분류를 하는 데는 소질이 있는 국민이라 쉽게 적응했다. 덕분에 매년 가정집 쓰레기량이 현저히 줄고 있다.

예를 들면 폐지·빈 병·헌옷이나 신발은 따로 수집하여 재활용한다. 음식 찌꺼기는 1주일에 한 번씩 수거 차가 걷어간다. 이것은 곳곳에 마련된 퇴비장에서 비료로 탈바꿈한다.

독일인들이 여행을 좋아한다는 것은 세상이 다 아는 사실이다. 그런데 요즈음 자동차나 비행기로 하는 여행은 환경을 오염시킨다는 인식이 널리 퍼져 있어 기차나 자전거 여행을 선호하는 사람들이 늘고 있다.

독일 가전 제품은 모양보다는 튼튼하고 에너지 절약형 제품이 잘 팔린다. 어느 도시에서는 주부들이 에너지가 절약되는 냉장고·세탁기·식기 세척기 등을 구입하는 경우에 물품별로 100마르크씩 보조해 주기도 한다. 이는 에너지가 많이 드는 구식 제품을 대체하는 데 큰 도움이 된다.

독일 기업들은 공산품을 생산하는 경우 먼저 재활용을 염두에 둔다. 이를테면 회수가 가능한 것, 해체하여 부품을 떼어내기 쉬운 것 등을 감안하여 제품을 생산하는 것이다.

상품의 포장재 또한 제조업체가 회수해 간다. 이것은 법으로 규정된 사항이다. 따라서 제품의 생산 원가가 높아져 외국 수출업체의 경우 상당한 원가 부담을 감수할 수밖에 없게 되었다.

이제 독일의 숲은 서서히 소생되어 가고 있다. 환경 문제가 발생하면 의미도 별로 없는 '어느 구멍으로 폐수가 흘러나왔다'는 식으로만 한 기업을 속죄양으로 만든다. 슬그머니 덮어두는 우리 나라와 독일을 비교한다는 것은 참으로 낯뜨거운 일이다. 10년 전, 5년 전에도 우리의 산하는 신문과 TV에서 수백 번은 더 '죽었다'였으니까.

26
구텐베르크와 대장장이

소수의 사람이 아니라 많은 사람들이 문자의 혜택을 누릴 수 있게 된 것은 금속 활자의 발명이 큰 역할을 했다. 그리고 그 발명자인 구텐베르크는 세계 역사에 길이 남을 업적을 세웠다.

구텐베르크가 금속 활자, 즉 활판 인쇄 기술을 발명하기 전에는 책값이 그야말로 부르는 게 값이었다. 그 시대에는 일일이 필사본으로 써서 만들었으니 제아무리 날고 뛰는 명인이라도 일생에 몇 십 권 만들기가 어려웠다. 당연히 일반 서민들에게는 그림의 떡이라고나 할까. 물론 종이가 발명되기 이전에는 더욱 귀했다.

그런데 다행히 금속 활자가 나올 무렵에 종이가 대량으로 보급되었고, 잉크도 질이 무척 좋아졌다.

어느 날 보석을 가공하고 있던 구텐베르크는 문득 옆에 놓여 있는 카드에 눈길이 머물렀다.

"저 카드와 똑같은 것을 만들려면 어떻게 하면 좋을까?"

이렇게 무심코 중얼거린 그는 당장 조각칼로 나무조각에 카드를 새기기 시작했다. 그러고는 새긴 조각에 잉크를 묻혀 종이에 찍어 보았다. 아무리 보아도 판에 박은 듯 처음 것과 똑같은 카드가 아닌가.

구텐베르크가 카드를 똑같이, 그리고 얼마든지 찍어낼 수 있는 기술을 발명했다는 소식은 인근 지방으로 순식간에 퍼져나갔다. 예나 지금이나 노름꾼에게는 카드가 필수품이었으니까.

그러던 어느 날 규구의 수도원장이 구텐베르크를 찾아왔다.

"굉장한 발명을 했다는 소문을 들었네. 그렇다면 이 성서를 인쇄해 주겠나?"

구텐베르크는 순간 당황했다. 카드야 그림이니까 손쉽게 만들었지만, 이건 글자가 아닌가. 더구나 글자가 빽빽한 성서이니 도저히 자신이 없었다.

하지만 못 하겠다는 말은 할 수가 없었다. 수도원장의 눈밖에 났다가는 마을에서 쫓겨나는 것은 물론, 재수 없으면 감옥행이 뻔한 세상이었다.

그래서 그는 일을 맡았다. 그리고 판 한 장에 성서를 한 장씩 새기는 거창한 작업을 시작했다. 우리 나라의 팔만대장경을 상상하면 이 대목은 쉽게 이해할 수 있을 것이다.

그런데 판 한 장의 작업이 거의 끝날 무렵 조각칼을 떨어뜨리는 바람에 그만 판이 엉망이 되고 말았다. 그야말로 십 년 공부 도로 아미타불이 된 것이다.

구텐베르크는 솟구치는 화를 누를 길이 없어 땀이 밴 판을 번쩍

치켜들었다. 박살을 내려는 순간 문득 한 가지 영감이 번개처럼 떠올랐다.

'가만! 글자를 나무보다 견고한 금속에 한 자씩 새기면 같은 글자를 수백, 수천 번 새기는 고생을 할 필요가 없잖아?!'

구텐베르크는 즉시 자기의 아이디어에 달라붙어 열심히 글자를 한 자씩 새기기 시작했다. 얼마 후에 금속 활자가 탄생되었다. 그리고 마침내 1452년에 사상 처음으로 금속 활자로 찍어낸 성서가 빛을 보게 된 것이다.

지금 초판본 성서는 몇 권밖에 남지 않았다. 물론 그 가격이야 부르는 게 값이니 상상조차 되지 않는다.

새로운 '밀레니엄(2,000년)'의 도래를 앞두고 지난 천 년에 대한 평가가 요즈음 나오고 있다. 그 가운데 미국의 언론인 부부가 쓴 《1천 년 1천 인》에서는 서양 최초의 금속 활자 발명가 구텐베르크를 가장 위대한 인물로 꼽았다고 한다.

구텐베르크가 신대륙의 발견자인 콜럼버스나 종교 개혁가 루터를 제치고 지난 1천 년의 역사에서 최고의 인물로 뽑힌 이유는 금속 활자로 책의 대량 생산 시대를 열었기 때문이다.

물론 구텐베르크의 업적을 깎아내리는 것은 아니지만, 그보다 적어도 수세기 앞서 금속 활자를 발명해 사용했던 우리로서는 많은 아쉬움을 달랠 길이 없다. 우리는 조선 후기에 이르기까지 금속 활자 인쇄술을 지속적으로 발전시켰다.

그러나 그것은 오직 '국내용'이었을 뿐이다. 19세기 말에 설치된 박문국이 구텐베르크식 납활자를 일본에서 들여오자 우리 활자는 이내 흔적도 없이 사라져 버렸다.

도대체 왜 이런 결과가 초래되었을까? 이유야 많겠지만 금속 활자 주물 기술자를 대장장이쯤으로 업신여긴 풍토도 한 원인이었을 것이다.

발명자의 이름이 지금까지 전해지고, 기술자를 '마이스터'로 우대하는 독일의 전통과 극명하게 대조된다.

선조들의 세계적인 발명품을 계승하고 발전시키지 못해 아쉬움으로 남는 일이 1천 년 후에도 반복되어서는 곤란하다. 구텐베르크와 금속 활자가 주는 교훈은 정말 한 번으로 족하다.

27
저축은 휴가를 위하여

스페인의 마요르카 섬은 특별히 보여줄 고적지나 색다른 먹거리가 있는 곳은 아니지만, 유럽에서는 알아주는 관광지이다. 매년 백여만 명에 이르는 독일인들이 여름철이면 이 곳에 와서 마르크화를 떨구고 가는 통에 이 곳 주민들은 생활에 별로 어려움이 없다.

이 곳은 7,8월이면 날씨가 늘 맑고 따뜻해서 독일인들은 저렴한 가격으로 떼지어 휴가를 보내려고 온다.

독일인들에게 저축을 하는 이유를 물으면 십중 팔구는 이렇게 대답할 것이다.

"그야 외국으로 휴가를 가기 위해서죠."

20년 전만 해도 독일인들은 해외 여행을 한다는 것은 어림없는 꿈이었다. 하지만 지금은 부자 나라답게 휴가를 가장 즐기고 있다.

스페인은 물론 이탈리아나 옛 유고슬라비아 등 햇볕이 좋다는 곳은 거의 독일인들의 차지라고 해도 과언은 아니다. 따라서 이제 여행지에서 독일인들이 돈을 쓰지 않고 오면 그 지역 경제가 타격을 입을 정도가 되었다.

'프랑스 인들은 먹기 위해서 살고, 독일인들은 휴가를 가기 위해서 산다.'

유럽에서 유행하는 이러한 농담이 있을 정도로 독일인의 휴가에 대한 집착은 엄청나다. 그들은 1년 전부터 휴가를 계획하고 호텔을 예약한다.

하여튼 1년에 한두 번 가는 휴가 계획은 그 해의 가장 중요한 관심사 중의 첫번째를 차지한다. 독일인들이 흔히 주고받는 대화의 하나가,

"당신은 이번에 어디로 휴가를 가나요?"

라는 말이다. 물론 멀리 갈수록 사람들의 부러움을 산다. 백사장·푸른 바다, 그리고 따뜻한 햇볕이 있는 곳은 독일인에게 있어 그야말로 유토피아이다.

독일인은 연간 1천억 마르크에 이르는 비용을 휴가비로 쓰고 있다. 그리고 해외 여행객은 연간 7천만 명에 이른다.

여행을 가기 전에 독일인들은 도서관에서 목적지에 관한 책을 빌려다가 열심히 읽는다. 물론 그 나라의 언어도 기본적인 것은 미리 배워 둔다.

이를 위해 시민 대학에서 강좌를 개설하고 있는데, 늘 만원이다. 순전히 놀러가기 위해서 외국어를 익힌다니, 정말 대단한 열정이라 아니할 수 없다.

여름 휴가철이면 너도나도 휴가를 떠나기 때문에 도시는 텅 빈

다. 하지만 독일에 온 방문객들은 죽을 맛이다. 음식점조차 문을 닫았으니 잘못되면 아사할 판이니까.

독일인들은 한번 마음에 드는 휴가지를 선정하면 특별한 변동 사항이 없는 한 매년 같은 장소를 방문하는 경향이 있다. 그리고 휴가를 마치고 집으로 돌아갈 때 다음해에 사용할 숙소를 미리 예약하는 경우도 많다.

그런데 많은 사람들이 휴가 여행을 떠나는 데도 독일의 경우 '바캉스 특수 현상'이 일어나는 경우는 드물다. 그리고 프랑스에서처럼 애완견을 버리고 휴가를 떠나 그만 '동물 학대죄'로 지탄을 받는 경우 또한 드물다. 이것은 계획적이고 철두철미한 국민성 때문에 발생하는 차이라고나 할까.

28
해변의 모래성

독일의 회사를 방문해 보면 문이 열려 있는 경우가 거의 없다. 예약을 하고 안내를 받아 사무실 내부에 들어가도 대부분 문이 잠겨져 있다. 이는 다른 사람들로부터 개인의 사생활을 침해받기 싫어하는 독일인의 습성 때문이다.

독일의 수위들은 순찰을 돌 때 큼직한 열쇠 꾸러미를 들고 돌아다니며 열려진 문이 있으면 열쇠로 잠가 버린다. 그러니 사무실에서 불을 끄고 소파에서 잠시 졸았다가는 큰일이다.

관공서나 기업 모두 개인별로 밀폐된 공간에서 일을 한다. 부서마다 외부와 차단되어 있기 때문에 타부서와의 협력이 원활치 않고 인간 관계가 넓어질 수 없는 것은 당연하다.

퇴근 때도 자기 방문을 철저히 잠가 버리기 때문에 동료가 용무가 있어 들르더라도 헛수고이다. 그래서 독일에서는 산업 스파이가 활개칠 공간이 없다.

폐쇄성에 대한 독일인의 집착은 휴가를 보내는 바닷가에서 그 진면목을 나타낸다. 독일인이 아름다운 해변을 독차지한다는 국제적 명성을 얻은 것도 같은 이유 때문이다.

이른 아침에 다른 나라에서 온 여행객들이 해변으로 나와 좋은 자리를 차지하려고 해도 헛수고일 뿐이다. 좋은 자리는 이미 독일인들의 널따란 목욕 수건에 점령당한 다음이기 때문이다.

이것은 정말이지 외국인으로서는 영원히 풀리지 않는 수수께끼라고 할 수 있다. 왜냐 하면 바로 그 전날 밤 늦게까지 마지막 술 한 방울이 다 떨어질 때까지 바를 점령하고 마셔댄 것도 바로 독일인들이기 때문이다.

교두보를 점령하기 무섭게 독일인들은 모래 속에 몸을 파묻고, 목욕 수건 가장자리에는 모래성을 쌓는다. 스스로 의식하지 못하는 가운데 일종의 땅차지 게임을 하는 것이다.

목욕 수건은 양지바른 곳에 놓인 영토의 상징이다. 그리고 모래성은 그 울타리이다.

독일인이 점령한 해변에는 잘못 보려야 잘못 볼 수가 없는 기이한 풍경이 펼쳐진다. 한 가족에 하나씩 쌓아올린 거대한 모래 언덕, 조개껍질과 죽은 불가사리·게 등을 얹어 예술적으로 장식한 높은 모래성, 그리고 수많은 모래탑과 그 위에 나부끼는 작은 깃발 따위가 그것이다.

여기저기 기웃거리며 다니는 보통 휴가객들과는 정반대로 독일인들은 공들여 쌓은 모래탑으로 울타리를 친 자기네의 영지를 여간해서는 벗어나지 않는다.

　이런 성지(?)가 너무나 빼곡하게 들어차서, 나중에는 출입하는 통로를 찾기가 어려운 경우조차 드물지 않다.

　그래서 극단적인 경우 다른 휴가객들은 딱딱한 바위에 엉덩이를 걸치고 해바라기를 해야 한다. 독일인들이 그 엄청난 토목 공사를 벌이느라고 모래란 모래는 싹쓸이해 버렸기 때문이다.

　그런데 요즘 다른 나라 사람들도 생활의 여유가 생겨 여행객들이 부쩍 늘어났다. 그들이 점령했던 해변가가 붐비자 당연히 성쌓기가 불가능해졌다.

　그래서 독일인들은 아예 ‘나만의 공간’을 만들어 주는 새로운 바캉스 용품을 개발해 냈다. 그것은 1인 또는 2인용 일광욕 침대인데, 물론 다리를 뻗는 곳만 빼놓고 3면은 천으로 가려져 있다.

　이건 이제 독일인에게는 필수품이 되어 있다.

29

법적으로 보장된 기독교 11조

독일인들은 취업이 되면 서류에 여러 가지 사항을 기입하는데, 물론 종교란에는 자신이 믿는 종교를 기입한다. 무신론자는 당연히 이 난은 비워 두면 된다.

그런데 종교를 가지고 있는 근로자는 매달 봉급에서 소득세의 10%를 종교세로 낸다. 법적으로 완벽하게 '11조'가 보장되어 있는 것이다.

대부분의 독일인들은 매주 교회에 나가지 않아도, 다시 말해 1년 에 단 한 번 크리스마스에 교회에 나가도 종교세만큼은 꼬박꼬박 낸다. 교회에 대해 비판하는 사람도 종교세를 내는 것을 보면 '과 연 기분에 따라서 움직이지 않는 묵직한 독일인이구나' 하는 생각이 들 정도이다.

독일도 물론 기독교가 크게 프로테스탄트와 카톨릭 교회로 나뉘 어져 있다. 프로테스탄트 교회는 독일인의 성격 형성에 더없이 강력한 영향을 주었다.

종교 개혁의 기수 루터는 라틴어 성서 번역을 통해 새로운 표준 독일어를 만들었고, 국가와 관리에 대한 복종을 종교적 의무라고 가르쳤다. 프로테트탄트의 노동 윤리에 따르면 물질적 풍요와 영생 사이에는 특별한 대립이 별로 없다.

현재 통일 독일에서는 프로테스탄트가 카톨릭에 비해 조금 더 많은 신도를 거느리고 있다. 전통적으로 북부와 동부에는 프로테스탄트가, 남부와 서부에는 카톨릭이 강세를 보인다.

둘 사이의 '종교적 경계'는 우연의 일치인지는 몰라도 옛날 로마 제국의 국경과 일치한다. 2천여 년 전 로마 제국의 군대가 '게르마니아'의 일부를 점령해 통치권을 행사한 지역이 오늘날에도 로마카톨릭 강세 지역으로 남아 있는 것이다.

하여튼 정부가 소득세와 연계해서 걷어주는 이 세금 덕분에 교회는 넉넉한 살림을 유지하고 있다. 독일 교회가 엄청난 종류와 규모의 사회 봉사 활동과 구제 사업을 벌일 수 있는 것도 다 이러한 비빌 언덕이 있기 때문이다.

교회는 병원·고아원·유치원·양로원·학교를 후원하고 제3세계까지 나가서 활발하게 구호 활동을 벌인다. 이런 방면에서 독일인들은 단연 두각을 나타낸다.

아직까지 자선 사업과 구호 사업 등에 국민들이 내는 기부금의 액수에서 독일을 앞지르는 나라는 없다.

헌금을 내는 것은 기독교의 사랑을 실천하는 것이다. 하지만 경제적인 이해 관계도 없지는 않다.

교회에 기부를 하면 유용한 사회 복지 기금으로 인정을 받아 소득세를 적게 내는 것이다. 세금이라면 어느 나라 국민이건 일단 인상부터 쓰는 법이니까.

그러나 최근 들어 젊은이들이 종교세에 부담을 갖고 교회를 이탈하는 추세가 나타나고 있어 사회 문제로까지 대두되고 있다. 이들의 교회 탈퇴로 인해 수입원이 감소되어 자선 사업이 영향을 받고, 이에 관련된 인력의 감축으로 실업 문제까지 거론되는 실정이다.

오늘날 독일 곳곳에 자리잡고 있는 크고 작은 교회들이 이러한 신자 이탈로 텅텅 비는 현상마저 나타나고 있다. 그래서 각박해지는 인심이 독일 사회에도 서서히 침투하고 있다고 뜻있는 사람들은 개탄해 마지않는다.

30
잠자는 미셸

독일이 자랑하는 대문호 괴테는 이렇게 말한 적이 있다.

"독일인들은 자기 자신을 위해서, 또한 다른 사람들을 위해서 모든 일을 어렵게 만든다. 우리들 독일인들이 어렵고 복잡하고 철학적인 문제를 붙들고 씨름하는 동안 영국인은 우리들을 비웃으며 실용주의를 무기로 세계를 장악하고 있다."

만약 이 세상에 '복잡하다'는 것이 없었다면 독일인들이 그것을 만들어 냈을 것이다. 독일인들은 자신들이 지속적으로 질서를 잡아갈 필요가 있는, 교묘한 세상 속에서 살아가고 있는 복잡한 민족이라고 생각한다.

19세기의 저명한 작가 칼 프리드리히 모제르는 다음과 같이 쓰고 있다.

'어떤 국가이든 그 나름대로의 중요한 행동 요인이 있다. 영국의 경우는 자유이며, 네덜란드는 무역이고, 프랑스의 경우는 국왕의

명예이다. 독일의 경우 그것은 복종이다.'

위계 질서가 엄격하게 잡힌 사회에서 자란 사람은 누군가 권위주의적인 분위기를 팍팍 풍기면서 다른 사람들에게 복종과 충성을 요구할 경우, 거기에 감히 대적할 엄두를 내기 어려운 법이다. 막강한 권력과 강인한 의지를 가진 지도자는 독일인들로부터 무조건 숭배를 받는다.

오늘날 머리가 깨인 독일인들은 좀더 비판적인 자세를 취하려고 노력하나, 권위적인 인물이 존경을 받는 것은 예나 지금이나 달라지지 않았다. 권위주의적 지도자의 비인격적인 복사판인 '관계 당국'은, 전통적으로 독일인의 내면에 의존과 복종이라는 '원초적인 본능'을 자극한다. 그리고 이러한 '신하 근성'은 의무감과 충성심의 발로인 것처럼 칭찬을 받는다.

독일인들은 현실이 마음에 들지 않으면 '환상의 세계'로 도피하기를 좋아한다. 좌절과 패배의 충격을 삭이기 위해서는 무언가 완충 장치가 필요한 법이다. 독일인들이 꿈 속으로 숨어드는 것도 바로 이 때문이다.

국민성을 대표하는 캐릭터로 흔히 프랑스 인이 '마리안느', 영국인이 '존 볼', 그리고 미국인이 '엉클 샘'을 가지고 있다면, 독일인에게는 '잠자는 미셸'이 있다. 성 미하엘에게서 이름을 물려받은 '잠자는 미셸'은 화려한 다른 캐릭터와는 달리 뾰족 모자를 쓰고, 무릎까지 오는 반바지를 입은 촌뜨기 소년의 모습을 하고 있다.

시인 하인리히 하이네는 꿈꾸기를 좋아하는 독일인의 특성을 이렇게 표현하고 있다.

프랑스 인과 러시아 인은 땅을,
영국인은 바다를 가졌지만
우리에게는 환상의 천상 세계가 있다네
오직 우리만의.

여기는 우리만의 세상
여기서 우리는 모두가 하나
다른 민족들은 모두
헐벗은 대지에서 번성한다네.

이러한 특성을 엄격하게 보면 타고난 미덕이라기보다는 기회가
부족해서 유래한 결함이라고 볼 수 있으리라.
독일 역사는 분열과 억압으로 얼룩져 왔다. 독일의 대지 위에 존
재한 현실의 정치가 자유롭고, 실제적인 활동의 폭을 극도로 제한
했기 때문에, 억압받는 국민들이 자유로이 거닐 곳은 저 높은 꿈의
세계밖에 없었던 것이다.

31
독일의 유태인

많은 역사가들은, 이미 2세기에는 유태인 로마 병사들이 독일의 야만인을 감시하는 국경 경비병으로서 로마제국의 북방 국경에 주둔하고 있었음을 입증하는 충분한 근거가 있다고 주장한다.

로마제국은 대체로, '독일인은 인간에 가깝지만, 인간이 아니다'라고 생각하고 있었으므로 굳이 정복하고 싶어하지도 않았던 모양이다. 아마 유태인이 독일에 정주하게 된 최초의 문명인이었을지도 모른다.

로마 시대에 유태인이 마인츠나 쾰른·라인란트 등의 도시에 거주한 것이 알려져 있다.

8세기에는 유태인이 마그데부르크·보름스·아우구스부르크에 살고 있었던 것으로 추측되지만, 독일의 대도시에 번영했던 유태 사회가 있었다는 기록은 10세기 이후에 나온다.

13세기에 독일에서도 유태인 추방이 유행했으나, 신성 로마제국의 기묘한 구조가 유태인을 완전한 추방에서 구제하는 결과를 가져왔다. 신성 로마제국이라는 호칭은 바르바로사(붉은 수염)라고 불리는 프리드리히 1세가 붙인 명칭이지만, 이것은 자치력을 가진 다양한 나라들이 연합하여 이루어진 국가였다.

그리하여 어느 공국이 유태인을 추방하면 다른 공국이 기꺼이 그들을 맞아들였다.

하지만 독일인은 아직도 야만족에 가장 가까웠던 때문인지 유태인에 대한 박해도 가장 야만적이었다. 보통 중세의 반유태적인 조치로 생각한 대부분은 독일과 오스트리아의 것으로, 독일의 토양에서만 생길 수 있었다.

'피를 제공하기 위한 살인'이나, '성찬식의 빵 모독'이나, '흑사병' 등의 증상으로 조작하여 사디스트와 물신 숭배자는 민중을 광기로 몰고 갔다.

그런 집단의 하나는 단원들이 팔에 가죽띠를 두르고 있었으므로 '아름레더(완장)'라고 불리었다. 그들이 사람을 죽이는 태도는 유태인에 대한 증오심을 나타내고 있었다기보다는 오히려 그들 자신의 정신병적인 상태를 나타내고 있었다.

독일인은 유태인을 철저히 기만했다. 독일의 지방 귀족들은 유태인들에게,

"그대들을 보호해 줄 테니까 오라."

라고 유인하여 자유롭게 살 수 있다는 칙허장 같은 것도 제공하고, 그 내용은 반드시 지키겠다고 십자가에 맹세했다.

그러나 결국 유태인의 재산을 빼앗고, 땅을 몰수하고, 폭력 단체

처럼 보호료를 징수했다.

귀족이 그러하니 시민들도 덩달아 살인귀로 날뛰었다. 마지막 살인귀는 빈센트 페트밀리히라는 빵집 주인으로, 그는 폭도를 조직하여 프랑크푸르트의 유태인 집들을 습격했다.

그들의 수는 유태인의 수보다 많았으므로 용감하게 여자나 어린애까지도 닥치는 대로 죽였다. 2년 후에 페트밀리히와 그의 졸개들은 황제의 명령에 따라 체포되어 그들의 목이 프랑크푸르트의 시장에 내걸렸다.

그리하여 독일의 무법 시대가 잠시 중단되었다.

근대 프러시아를 세운 사람은 호엔촐레른 가에서 배출된 4명의 프리드리히였다. 그들은 잔인성과 계몽주의를 교묘히 배합하여 프러시아 왕국을 건설했다.

이 나라는 인구 250만 명에 8만 3천 명의 군대를 거느리고 있었다. 유럽에서도 가장 무서운 상비군으로 수호되어 있었던 것이다. 그리고 정의를 위해서라는 명목으로 자행되었던 고문은 폐지되고, 농노도 자유의 몸이 되었다. 초등학교는 의무제가 되고, 카톨릭교도와 유태인에게는 신앙의 자유가 허용되었다.

베를린에 처음으로 유태인이 살게 된 것은 프리드리히 빌헬름 '대선거후(大選擧侯 : 1640~1688)'의 시대이며, 1712년에는 베를린에서 유태인이 정식으로 시나고그(synagogue : 유태 교회당)의 낙성식을 처음 올리게 되었다. '대선거후'가 유태인에게 흥미를 느끼게 된 이유에 대해서는 여러 가지 의론이 있다.

심리학적으로 역사를 보려고 하는 학자는 그를 섬기던 궁정 유태인의 바람기 있는 아내에 대한 그의 불의의 사랑 때문이라고 말한다. 경제적인 면에서 역사를 보려고 하는 학자는 유태인이 산업을 일으켜 그의 재정이 가져다준 상당한 수입 때문이라고 말한다.

실제로 이유가 무엇이건 간에 '대선거후'에게는 모든 유태인에게 문호를 개방할 이유가 없었으므로 운이 좋은 극히 소수의 유태인만이 확대되어 가는 독일의 여러 도시에 진출했을 뿐이다.

그리하여 해방된 유태인은 다른 나라에서와 마찬가지로 실업과 학문의 분야에서 일단 속박으로부터 풀려나자 곧 두각을 나타내기 시작했다.

그리고 독일의 여러 도시에도 '살롬의 유태인'이 등장하여 사교계를 화려하게 꾸며놓기 시작했다.

프러시아에서 유태인은 장교나 병졸로, 또는 정치가나 관료로서 일했다. 독일 연방에 프러시아를 가담하게 통일을 시도한 카이저나 비스마르크에게도 협력했다.

나폴레옹 3세가 1870년에 프러시아에 선전 포고를 했을 때, 비스마르크의 군대로서 프랑스에 쳐들어간 유태인은 7천 명을 웃돌았다. '독일 지상주의'는 기독교인 독일인 사이에서뿐만 아니라 유태인 사이에서도 유행병처럼 번져갔다.

제2차 세계대전은 분명히 독일 역사의 전환점이었다. 권위주의적인 경향이 완전히 우위에 서고 확고한 힘을 장악해 버렸다.

독일인들은 남의 영토에서 싸울 때에는 자기 네가 일으킨 황폐를 아무렇지 않게 생각했다. 그러나 전쟁이 자기 나라에까지 밀려오자 그들에게서 인내력은 찾아볼 수 없었다.

'베르사유 강화조약'이 체결된 후 독일인들은 자기들의 패배는 유태인의 탓이라고 우겼다. 1920년대 독일인들이 사용한 상투적인 말은,

"우리 독일인은 결코 전쟁에 진 것이 아니다. 유태인이 우리를 배반했기 때문이다."

라는 것이었다. 자기 연민이 독일의 지난날의 위대성을 침식해 버리자, 뒤에 남는 것은 독일을 야만국으로 몰고 가려는 사나이들의 먹이가 된 공허한 껍데기였다.

1933년 1월 30일, 역사의 장난으로 아돌프 히틀러가 독일 총통이 되었다. 환희에 도취된 독일인들은, 거리로 쏟아져 나와 의기 양양하게 행진하는 잿빛 셔츠의 돌격 대원들에게 '하일리히'를 외치면서 환호했다.

그 때 그들은 불과 몇 년 후에 세계를 피로 물들이고, 최악의 야만인들로서 역사에 기록되리라고는 꿈에도 몰랐으리라. 이를테면 그들은 10년도 못 가서 사하라 사막에서 햇빛에 말라 죽고, 대서양을 비롯해 바닷물에 빠져 죽고, 러시아의 대초원에서 죽음을 맞이하고, 자기들 도시의 주춧돌과 기왓장에 깔려 으깨어지리라고는 상상조차 못 했으리라.

권좌에 오른 첫날부터 타오르는 베를린의 불길과 함께 히틀러가 총구를 입에 넣고 자살한 1945년 4월 어느 날까지 독일인은 조직적인 살인에 의해 강제 수용소에 남녀 노소를 합쳐서 1천2백만 명을 죽였다.

  1천2백만 명의 희생자 중에 700만 명이 기독교인이고, 500만 명이 유태인이었다.

  '유태인을 죽여라!'

  나치스가 요란하게 외쳐댔으므로 세계는 기독교도의 살육에는 그만 눈이 멀어 버렸던 것이다.

32
엉뚱한 해석

스포츠계에서 가장 널리 쓰이는 명언은 무엇일까? 그것은 아마 다음과 같은 말일 것이다.

"건전한 정신은 건강한 육체에 깃들인다."

그런데 이 말은 원래의 뜻을 왜곡한 것이라고 한다. 왜곡이라면 전혀 다른 뜻으로 바뀌어 버렸다는 것이다.

원래 이 말은 로마의 한 시에 나오는 글귀라고 한다. 원문을 번역하면 어떻게 될까?

'건전한 육체에 건전한 정신이 깃들이는 것이 가장 바람직하다.'

언뜻 보면 그게 그것처럼 보인다. 그러나 두 말을 자세히 살펴보면 전혀 다른 해석이 나올 수 있다.

앞의 말은 건전한 정신보다 건강한 육체를 강조하고 있다. 따라서 육체가 건강한 것이 우선이고, 거기에서 건전한 정신이 자라날 수 있다는 것이다.

이에 반해 후자는 육체가 건강한 것은 물론이고, 거기에 건전한 정신이 깃들이어야 좋다는 뜻이다.

체조의 창시자인 독일의 프리드리히 얀은 로마의 시에서 따온 이 문구를 인용하여 독일인들은 체력을 강화해야 한다고 역설했다. 그 무렵 독일은 프랑스의 나폴레옹과 맞서고 있었기 때문에 당시의 상황에 딱 들어맞는 말일 수도 있다.

하여튼 얀이 만든 체조는 독일의 많은 젊은이들을 힘있게 만들었다. 체조로 몸을 단단히 했으니 역사의 아이러니가 아닐 수 없다.

'보편적으로 건강한 정신은 건강한 육체에서만 찾을 수 있다. 물론 건강하지 못한 천재가 있을 수도 있다. 하지만 어떤 법칙이라도 예외는 있는 법이니까 무시해도 좋다……'

히틀러의 《나의 투쟁》에 나오는 한 대목이다. 아무것도 아닌 듯한 이 말은 얼마 후에 수많은 유태인을 공포에 떨게 했고, 독일은 물론 유럽 곳곳에서 질병에 걸린 환자들의 숨통을 막았다. 즉, 유태인과 몸이 약한 사람들은 존재할 가치가 없다는 히틀러의 명령에 의해 싹쓸이당했던 것이다.

또한 히틀러는 유태주의를 멸망시키는 동시에 기독교도 멸망시키고 싶어했다. 히틀러의 견해에 의하면 기독교는 그 포교 활동에 의해 아리아 인의 피를 붉게 했으므로 위험하다는 것이었다.

'아리아 인의 기독교'는 성 바울에 의해 배반당했다고 히틀러는 주장했다.

"기독교회는 엉터리이다. 특히 가톨릭교회는 유태적이고 국제적이므로 가장 위험하다."

　이 터무니없는 주장은 공식적인 나치주의로 정립되어 여기서 반기독교론이 탄생되었다. 그리고 약 700만의 기독교인들이 무참히 살해되었던 것이다.

　'게르만 민족은 건강하다. 그러므로 우등 민족이다. 타민족은 건강하지 않기 때문에 열등 민족이다. 건강하지 못한 종족이나 민족은 건강한 생각을 할 수가 없다. 따라서 이들은 지구상에서 사라져야 한다.'

　이처럼 말이란 전후 관계가 생략될 때 전혀 엉뚱하게 해석될 수도 있다. 그리고 엉뚱한 해석은 이처럼 무시무시한 결론을 이끌어낸다는 것을 역사는 자주 보여주고 있으니 탈이다.

33
통역 포로가 된 독일 상인

1914년 8월 4일, 독일과의 전쟁에 접어든 영국은 3일 후인 8월 7일에 일본 정부에 도움을 요청했다. 영국의 요청은, 상선으로 가장하여 동지나해에 항해 중인 독일 순양함을 찾아서 격침해 주기 바란다는 것이었다.

이를 접수한 일본 정부는 그 날 각료 회의에서 참전을 결정하고 다음 날인 8일, 내각 회의를 열어 참전을 확정했다.

산동 반도는 중국 대륙에서 바다를 향해 항아리목처럼 쑥 빠져나와 있고, 남쪽 해안 가운데쯤에 원형으로 잘록한 교주만이 있다. 바로 이 교주만의 입구에 있는 항만 도시가 청도이다.

기후가 온화하고 산수가 아름다운 청도는 지금도 유럽 풍의 건물이 남아 있는 중국의 유명한 휴양지이다. 중국에서 가장 맛이 좋은 맥주라고 하면 지금도 변함없이 청도 맥주를 든다.

청도 맥주는 맥주의 본고장인 독일의 식민지였던 사실을 말해 준다. 1898년에 교주만을 조차지(租借地)로 한 독일은 청도에 근대적인 항만 시설을 갖추고 유럽 풍의 도시를 건설했다.

게다가 독일은 교제 철도(산동성의 성도인 제남에서 청도까지의 철도)를 완성해 놓고 산동성 내의 광산권을 획득해 철광을 개발했다. 또한 청도는 독일 동양 함대의 근거지로 다수의 대포와 보루를 주위에 배치한 요새이기도 했다.

독일인은 대략 5천 명쯤으로 그 절반 이상이 군인이었다. 독일과의 전쟁에 접어든 일본은 이미 9월 2일 산동 반도에 상륙하여 10월 6일에는 제남을 점령했고, 10월 말부터 청도를 공략하기 시작했다. 이 때 독일의 동양 함대는 영국 함대와 싸우기 위해 태평양으로 항진한 이후였기 때문에 청도 수비대는 5천여 병력밖에 없었다. 그것도 중국과 일본, 그리고 조선에 있던 자국민을 서둘러 소집해 급조한 수비대였다.

여기에는 때마침 중국에 여행차 와 있던 독일인들도 모두 소집되었다. '통역 포로는 일본에 9년 거주한 자'라는 풍자적인 시를 읊은 독일인 포로는 일본에서 9년 동안이나 있었기에 소집된 것이다.

일본어에 유창했기 때문에 통역으로 징집된 이 독일인은 크루트 마이스너였다. 그는 함부르크 대학을 졸업하고 1906년에 일본으로 갔다. 그리고 도쿄·오사카에 지점을 둔 독일계 기계 회사의 총지배인이 되었다.

1914년 8월, 마이스너에게도 소집 영장이 날아와 하는 수 없이 정든 도쿄를 떠나 중국의 청도로 향해야 했다. 하지만 마이스너는 총을 한 번도 잡아보지 못한 순수한 민간인이었다.

청도에 모인 다른 독일인들도 마찬가지였다. 이윽고 8월 중순부터 군사 훈련이 시작되었다.

총을 다루고 쏘는 방법을 배우는 동안, 그럭저럭 2개월이 흘러갔다. 그리고 그 밖의 기본 기술을 익힐 틈도 없이 일본군과 맞서 싸우는 처지가 되었다. 이렇게 급조된 군대인데다가 독일에서 증원군이 파견될 가망은 전무했다.

이에 비해 일본군은 약 3만 명의 병력으로 청도 공격을 개시했다. 일본군의 승리는 처음부터 불을 보듯 뻔한 것이었다.

1914년 11월 7일, 청도가 함락되고 독일군은 무조건 항복을 했다. 이 때 독일군은 사망자 170명, 부상자는 500여 명으로 생각보다는 적었다.

그리고 청도 수비대의 대부분을 차지하는 4,461명이 일본군의 포로가 되었다. 독일군의 패전이 이미 판명된 전투에서 헛된 희생이 나오는 것을 피한 독일군 지휘부의 조치였다.

도쿄로부터 청도의 독일군에 '출정'한 마이스너는 포로가 되어 다시 일본으로 돌아가는 신세가 되었다. 그리고 전쟁이 끝날 때까지 이 독일 상인은 무료하게 시간만 축낼 수밖에 없었다.

34
독일인과의 상담

독일인과의 상담에서 설득력을 갖기 위해서는 항상 논리적이고 합리적인 근거를 제시해야 한다. 왜냐 하면 당신의 상대는 분명한 정보를 찾고 있기 때문이다.

과장하거나 '공격적인 판매'는 절대로 피해야 한다. 오직 사실만을 있는 그대로 제시하고, 더 자세한 자료를 요청할 경우에 늘 대비해야만 한다.

독일인들은 상담시 결론부터 먼저 말하고 나중에 그 이유나 근거를 말하는 경우가 대부분이라는 사실도 잊지 말아야 한다. 그리고 대화를 할 때, 독일인들은 일정한 거리를 두는 경향이 있다.

그러니 불편하게 느끼더라도 의자를 당겨 가까이 가지 않는 것이 좋다. 왜냐 하면 독일 회사 사무실에서 가구를 옮기는 것은 매우 모욕적인 일이니까.

그리고 상대방의 팔이나 어깨에 손을 얹고 말할 생각은 아예 꿈도 꾸지 말아야 한다. 그런 제스처를 썼다간 상담은커녕 미친 놈으로 취급당하기 딱 알맞다.

독일의 일반적인 상거래 관습은 매우 보수적이다. 이 때문에 처음 거래를 트는 데 매우 신중한 모습을 보인다. 그리고 장기간의 시험 기간을 거쳐야 하는데, 처음에는 소량의 오더로부터 시작하는 것이 관례이다. 독일인은 항상 상대와 상담을 시작할 때 '장기 거래'라는 사실을 언급한다.

그리고 그들은 보수적이고 원칙을 중시하는 국민성으로 계약을 철저히 이행한다. 일단 계약을 맺으면 비록 자신이 손해를 보더라도 계약된 내용을 꼭 지킨다. 이것은 거꾸로 말하면 그만큼 계약 전의 준비가 치밀하다는 뜻이다.

독일인들은 사생활과 직업을 분리하려는 경향이 아주 짙다. 그러므로 가족에 관한 이야기도 좀체로 하지 않는다. 그러니 공연히 가족 사진을 보여주며 친근감을 나타내는 것은 역효과를 볼 수도 있으니 주의해야 한다.

거래를 트기 위해 독일 회사를 접촉해 보면 대부분의 경우 한 번 만나자는 제안이 들어온다. 이 첫만남에서 독일인은 상대를 저울질해 보고 앞으로 거래를 이어갈 수 있는 상대인가를 결정한다. 이때 중요한 것은 전문성을 충분히 보여주는 것과 신뢰감을 심어주는 것이다. 담당자와의 인간적인 친밀도를 높이는 사적인 작업은 별 의미가 없다.

독일에서는 사업상으로 선물을 주고받는 관행이 그렇게 발달해 있지 않다. 특히 관공서를 방문할 때는 선물을 준비하지 않는 편이 좋다.

드문 경우이지만 독일 가정의 저녁 식사에 초대된 경우 작은 선물, 예를 들면 포도주 한 병이나 캔디·꽃 등은 가지고 가는 것이 좋다. 독일산 포도주를 가져가는 것은 초청자의 포도주가 좋지 않다는 인상을 줄 수 있으므로 수입산이 안전한 방법이다.

아이들에게 절대로 현금을 선물로 주지 말아야 한다. 현금을 선물하는 것은 모욕적인 행동으로 간주되어 지금까지의 노고를 한순간에 물거품으로 만들어 버릴 것이다.

독일인들은 시간 제한이 없는 미팅을 아주 싫어한다. 따라서 어느 정도의 시간이 필요할지 미리 정하는 것이 중요하다. 만약 약속 시간을 넘겼을 경우 상대방이 당신에게,

"잠시 기다리십시오."

"잠깐 나갔다가 다시 돌아오겠습니다."

라고 말하는 경우는 꿈에도 상상하지 않는 편이 좋다.

많은 독일인들이 그들의 영어 실력을 자랑하기를 좋아한다. 하지만 중요한 협상을 할 때에는 통역자를 쓰는 것을 진지하게 고려해야 할 것이다.

물론 상대측의 통역자가 의도적으로 잘못 설명할 가능성은 적지만 그도 역시 독일측의 일원인 것이다. 그러니 통역자의 기술에만 의존하지 않는 것이 좋다. 당신측의 통역자를 쓰는 것이 비용은 들겠지만 그럴 만한 가치가 충분히 있다. 민감하고 위험 부담이 큰 협상의 경우에는 더욱 그렇다.

이 경우 당신의 통역자는 양쪽 문화를 이해하고 있어야 하고, 양

쪽의 언어를 능숙하게 구사해야 한다. 또한 두 언어 모두의 감정과 뉘앙스를 집어낼 수 있어야 한다.

그리고 독일인과 거래시에는 조금 번거럽더라도 서신을 통한 의사 전달에 노력할 필요가 있다. 독일인들은 전화나 팩스보다도 편지를 주고받는 것을 선호한다. 일종의 문화 민족이라는 자부심의 발로라고 이해하고 실천하시기를.

제**3**부
독일 경제의 원천, 중소 기업

35
한 우물만을 파라

쌍둥이가 나란히 손을 잡고 걷는 모습의 헨켈 사 '쌍둥이표' 로고는 세계 최고급 수준의 주방용 칼임을 나타내는 품질 인증서처럼 통하고 있다. 쌍둥이칼을 돋보이게 하는 요소는 칼날이 대를 물려 쓸 만큼 견고하고 날카롭다는, 칼의 본질에 해당되는 부분 이외에도 무수히 많다.

손에 편안함을 주는 인체 공학적인 디자인, 위생성을 높이기 위해 칼자루 접합 부위의 틈을 제거한 점 등 세계적인 명성을 쌓은 쌍둥이칼의 특징은 일일이 열거하려면 시간이 걸린다.

1994년 헨켈 사의 매출액은 2억 5천만 마르크로 수출이 내수보다 두 배 이상 많다. 수출국은 1백여 개국이 넘으니까 호텔이 있는 나라에는 어김없이 쌍둥이칼이 주방에 있다고 보면 좋을 것이다.

헨켈 사의 생산 품목은 2천여 개로 절반은 주방용 칼이 차지하고 있다. 나머지는 가위, 레저용 다용도 칼, 이발소용 면도기 등이다.

　주방용 칼은 질과 가격에 따라 전문가용·주부용·소품용 세 종류가 있다. 전문가용의 경우 독일 시장은 40%, 캐나다는 70%를, 미국에서도 전문가용은 물론이고, 주부용 칼 시장을 휩쓸고 있다.

　그렇다면 어떻게 해서 헨켈 사가 칼 하나로 당당히 세계 일류 기업의 대열에 오를 수 있었을까? 여기에는 지역적인 배경과 역사가 있다.

　헨켈 사가 위치한 졸링겐은 뒤셀도르프 남동쪽에 있는 인구 16만의 작은 공업 도시로 칼·가위를 만드는 이른바 '날붙이 산업'의 세계적인 요람으로 통하고 있다. 이 도시에는 3백여 개가 넘는 크고 작은 칼 공장이 있으며, 도시 인구의 20%가 칼 생산에 종사하고 있어 도시 이름 자체가 하나의 상표처럼 되어 버렸다.

　졸링겐에서 이처럼 칼 산업이 번성하게 된 것은 인근 루르 지방에서 원료인 철과 에너지원인 석탄을 풍부하게 얻을 수 있었다는 점에 있다. 또한 시내를 통과하는 푸퍼 강은 물레방아를 돌려 기계를 작동시켰던 중세 시대의 칼 생산 업체들에게 소중한 에너지원으로 활용되었다.

　이 같은 입지 조건으로 졸링겐에서는 쇠붙이를 다루는 산업이 중세 때부터 성행하여 높은 기술 수준을 축적하게 되었으며, 숙련된 기술 인력이 대거 배출되었던 것이다.

　헨켈 사의 창업자인 요한 피터 헨켈도 졸링겐에서 대대로 대장간을 운영하던 집안이었다. 물론 중세의 봉건 시대에는 기사의 검을 주로 생산해 왔다.

　그러다가 1731년, 헨켈은 동료 대장장이가 사용하던 쌍둥이 상표를 인수해 회사를 설립했다. 쌍둥이 상표를 사용하면서부터 헨켈은 주방용 칼을 특화했다.

그리고 창업 2세인 요한 아브라함 헨켈에 의해 기업으로서 본격적인 틀을 갖추게 된다. 요한은 영국에 건너가 쇠를 녹이는 새로운 주조법을 배워 도입하는 등 회사의 도약에 큰 역할을 했다.

쌍둥이칼의 명성은 무엇보다도 끊임없는 기술 혁신을 통해 제품의 품질을 높인 데서 비롯되었다고 볼 수 있다. 3백 년에 가까운 오랜 역사를 지닌 기업으로, 창업 이래 기술 개발이 하나의 전통처럼 이어져 내려오고 있는 것이다.

따라서 헨켈 사에 있어 전통의 계승이란 단지 과거의 것을 답습하는 것이 아니라, 지속적인 기술 혁신을 꾀하는 것을 의미하는 기업 정신이다.

지금도 헨켈 사는 매출액의 6%를 기술 개발에 투자하고 있다. 어는 짧은 기간을 두고 많은 기술 진보를 이룰 수 있었던 원동력으로 작용했으며, 쌍둥이칼이 세계 최고라는 인식을 소비자들에게 강하게 심어주는 근본 요인이었다.

또한 제품 개발에 소비자들의 요구를 반영하는 노력을 게을리하지 않았다. 여러 종류의 칼과 가위를 한 세트로 하여 받침대에 끼워 파는 제품은 편리한 용도로 소비자들로부터 큰 호응을 얻었다. 그리고 제품의 형태도 수출하는 국가의 특성에 따라 차별화시키고 있다는 점을 헨켈 사는 자랑하고 있다.

하지만 뭐니 뭐니 해도 헨켈 사가 세계 일류 기업으로 자리잡은 것은 장기적인 안목을 가지고 한 우물을 팠다는 점에 있을 것이다.

이것저것 손대는 것으로는 좀처럼 독창적이고 경쟁력이 있는 기술을 축적할 수 없다는 점을 헨켈 사의 경영진들은 일찍부터 깨닫고 있었던 것이다.

섣불리 제품 다각화에 나섰다가 질 나쁜 제품으로 쌍둥이 브랜드의 이미지가 훼손될 경우, 자칫 쌍둥이칼에 대한 소비자의 인식까지 망칠 것이라고 그들은 확신하고 있다.

그러나 헨켈 사의 성공이 오직 한 우물만 파는 기술력에만 힘입은 것으로 생각하면 잘못이다. 국내외에서 기업을 알리고 제품을 소개함으로써 소비자들에게 파고드는 마케팅의 중요성을 일찍 눈뜬 것이 헨켈 사의 명성을 세계적으로 알려지게 한 또 하나의 중요한 요인이다.

헨켈 사는 초창기부터 마케팅의 개념을 가지고 기업 활동을 시작한 특징을 지니고 있다. 즉, 초기부터 브랜드를 내세운 전략이 성공 요인으로 꼽히고 있다.

19세기 초에 이미 공장에서 멀리 떨어진 베를린에 판매망을 구축했으며, 1860년에는 함부르크·라이프치히·드레스덴 등 주요 도시로 판매망을 확대했다.

헨켄 사는 졸링겐의 다른 경쟁사들이 국내 시장에만 매달리고 있을 때, 4개 국어로 된 제품 카탈로그를 만들어 배포했다.

또한 유럽은 물론 미국에도 판매장을 설치하는 등 회사의 이름을 알리는 데 힘을 쏟았다.

당시에는 인쇄 기술이 대중화되어 있지 않아 초기의 카탈로그는 손으로 일일이 작성한 필사본이라는 사실은 유명한 일화로 남아 있다.

　지금도 헨켈 사는 광고와 전시장 개설 등 마케팅을 위해 연간 지
출하는 금액은 매출액의 6~8%로 기술 개발에 투자하는 액수를 웃
돌고 있다.

36
중소 기업의 성공 7계명

독일의 한 중소 기업 연구소가 500개에 달하는 중소 기업의 성공 사례를 분석한 결과 다음과 같은 공통된 경영 전략이 있었다고 발표했다. 다음은 그것을 요약한 것이다.

1)회사 운영의 원칙은 최고 경영자가 단독으로 결정하되, 세부 집행은 팀워크를 통한 협력에 맡긴다.

2)회사 경영에는 뚜렷한 목표가 제시되어야 한다. 그리고 경영 목표는 장기적이어야 한다.

모든 종업원들이 자기 회사 제품이 세계 시장을 주도해야 한다는 신념을 가져야 한다. 독일의 건축 자재 제조업체인 베이어 사가 1976년 최정상에 서 있었을 때, 경쟁 회사인 베바스토 사의 매상은 불과 3천만 마르크에 불과했다.

그러나 장기적인 목표 아래 기술 개발을 꾸준히 추진한 결과, 1995년에는 15억 마르크의 매상을 기록하여 동종 업계에서 1위에 오르게 되었다. 같은 경영 방침 아래 공장 시설을 전문으로 조립해 주는 부어쓰 사의 경우 1979년 4억 5천만 마르크의 매상고가 1995년에는 50억 마르크로 급신장했다.

이 회사는 2000년에는 110억 마르크의 매상을 올리겠다는 야심만만한 계획을 추진하고 있다.

3)종업원 모두가 스스로 해낼 수 있다는 자기 능력에 대한 확신을 가져야 한다.

전기 면도기를 전문으로 생산하는 브라운 사는 이 같은 경영 방침을 지켜 성공한 회사로 꼽힌다. 이 회사는 자기 능력에 대한 확신을 강조하기 위해 'Do It Yourself' 철학을 모든 종업원에게 주지시키고 있다.

4)근로자의 숫자보다는 노동 생산성에 높은 비중을 둔다.

몇 년 전 독일의 기계식 주차장 설치 전문업체 크루프 사가 한국에서 대형 프로젝트를 받았을 때의 일화 한 토막.

철강 회사를 보유하고 있는 크루프 사는 기계식 주차장에 들어가는 철판과 설계만을 관장하고 감속 기어·엘리베이터·컴퓨터 시스템 등 다른 관련 부품은 모두 외부 업체에 맡겼다. 그 중에서 기계식 주차의 두뇌 역할을 하게 될 컴퓨터 운영 시스템이 직원 5명의 소프트웨어 담당 회사에 맡겨졌다. 이 주차 시스템의 특징은 가장 가까운 거리에서 컴퓨터 작동으로 자동 주차토록 설계된 것이 었다.

결국 이 소프트웨어 개발 회사가 전체 프로젝트의 열쇠를 쥔 셈이다. 모든 프로젝트 진행이 고작 직원 5명에 불과한 중소 기업에 맞추어 나갈 수밖에 없었던 것은 이 기술이 프로젝트의 핵심이었기 때문이다.

인력이 부족하다고 해서 단순히 근로자를 충원하는 것보다는 직책을 맡고 있는 사람들의 노동 생산성을 높이는 것이 효과적이다. 종업원은 항상 부족한 듯한 수준이 이상적이다.

5) 창의적인 기술 개발이 필요하다.

중소 기업이 대기업과 경쟁하여 살아남기 위해서는 기술 개발이 꼭 필요하다. 환경·기계·유전·화학·제약 분야 등에서 독일의 중소 기업이 세계 정상을 차지하고 있는 비결은 바로 기술 개발의 능력에 있다.

기술 개발은 완제품에만 국한되는 것이 아니라 생산 관리 공정에서도 중요하다. 독일의 피셔 사는 각종 공구 상자 및 스크류용 플라스틱 덮개를 생산하는 데 직원 1인당 기술 특허가 234건이나 된다. 대기업이 보통 10명당 1건임을 감안한다면 이 회사의 기술 개발 능력이 어느 정도인지 알 수 있다. 독일의 중소 기업 수준에서 일반적으로 기술 개발이 잘 되고 있다고 인정하는 경우, 1인당 보통 40~50건 정도라고 알려져 있다.

6)같은 분야에서 업종을 다양화해야 하고, 전문화에 경영 전략의 초점을 맞추어야 한다.

독일의 빈터할터 사는 호텔 및 식당의 그릇 세척기 전문 회사였으나 간이수 처리 시스템과 세제를 개발하여 세계 시장에서 최고의 점유율을 차지하고 있다. 이 회사는 현재 맥도널드 사에 자사 제품을 일괄 공급하고 있다.

7)국제화 전략을 펴야 한다.

혈액 세척 및 관련 의료 기자재를 생산하는 프레세니우스 사는 세계 각국에 50개에 달하는 지사와 생산 기지를 확보하여 고객과 밀착하고 있다. 마케팅 및 생산 기지와 관련된 해외 지점 확보와 아울러 중시되는 국제화 전략은 국제 정보 통신을 활용한 고객 확보의 기본이다.

37
마케팅은 박람회를 통해서

'메쎄'는 박람회를 일컫는 독일어이다.

메쎄는 통상 박람회·전람회·전시회 등을 두루 포괄하는 개념으로 사용되고 있다.

독일은 세계에서 박람회가 가장 발달한 나라 중의 하나이다. 세계 5대 박람회 중 3곳이 독일에 있으며, 전세계 일류급(약 150개) 박람회 중 3분의 2를 독일에서 개최하고 있다고 그들은 주장한다.

새로운 전시장이 계속 건설되고 있으며, 낡은 전시장은 보수하여 확장시키고 있다.

사실 독일의 각 도시에서는 해마다 약 1백여 개의 국제적인 규모의 박람회가 개최된다. 이 밖에도 각 분야별로 전시회와 쇼 등이 매일같이 열린다.

박람회와 각종 전시회를 찾는 관람객의 숫자는 연간 2천만 명이 넘는다고 하니 대단한 규모가 아닐 수 없다.

경영활동 도시 \ 연도	매상고 (백만 D. M)		수출업체 수 (1,000)		방문객 (백만)		박람회 면적 1,000Q M
	1994	1995	1994	1995	1994	1995	
뒤셀도르프	320	450	25,0	18,0	1,7	1,8	204
프랑크푸르트	360	420	42,5	44,2	1,6	2,4	274
하노베	362	380	21,9	24,0	2,3	2,3	474
쾰른	323	363	19,8	25,2	1,5	1,3	260
뮌헨	223	273	21,7	27,0	1,7	2,3	110
베를린	210	211	9,7	11,1	1,3	1,3	97
스투트가르트	145	158	9,0	10,0	1,4	1,4	60
라이프치히	80	90	9,8	11,7	0,6	0,7	145
뉘른베르크	76	81	16,2	15,6	1,4	1,3	101
함부르크	68	60	7,0	7,0	1,6	1,2	53

자료 : **독일박람회협회**

　박람회의 역사는 '길드'의 형태로 상인들이 조직을 형성했던 8세기경으로 올라간다. 그러나 근대적인 의미에서의 산업 박람회가 선보이기 시작한 것은 1850년대이고, 본격적으로 발달한 것은 '라인 강의 기적'이 시작된 1950년대부터이다.

　19세기에 라이프치히에서 처음 꽃을 피웠던 박람회는 2차에 걸친 세계 대전을 전후하여 하노버·프랑크푸르트·뒤셀도르프·쾰른·뮌헨 등으로 확산되었다.

　영국과 프랑스에 비해 산업 혁명이 뒤진 독일이지만, 그들은 마케팅을 촉진시킬 수 있는 가장 효율적인 기구인 박람회를 통해서 급속한 경제 발전을 이룩할 수 있었던 것이다.

독일에서 박람회가 발달하게 된 배경에는 각 지방 자치 정부들이 주축이 되어 자기 지방의 특성에 맞는 전문 전시회를 발굴하여 이를 적극 지원한 데 있다. 이 때문에 독일에는 '전문 전시회'가 발달해 있고, 각 지방 도시별로 그 특색이 확실하게 드러나 있다.

그리고 박람회를 주최하는 단체들이 연맹을 형성하여 경쟁과 조화 속의 공동 발전을 추구했던 것이다. 그런데 박람회나 상품 전시회에 일반 소비자의 관람을 제한하는 경우가 많다. 심지어 주최측의 초청을 받지 못하면 전문가일지라도 문전에서 쫓겨나는 경우까지 있다.

그러니 우연한 여행길에 관련 상품 전시회가 열린다는 정보를 입수하고 전시장을 찾았다가 초대장이 없다는 이유로 출입이 저지당하는 해프닝이 충분히 발생할 수 있다.

뉘른베르크의 완구 박람회나 쾰른의 과자 박람회 등은 제조업자와 무역업자 등 전문가들의 입장만 허용되고 일반 소비자의 입장은 금지되어 있다. 그래서 대부분의 전문 전시회에서는 전문 관람자와 일반 관람자들을 위한 관람 인사를 별도로 구분한다.

최근에는 전문 전시회와 함께 관련 전문가와 기업이 전시회 중에 세미나와 학문적인 심포지움을 동시에 개최하는 경우가 늘고 있다.

통상 '빅5' 박람회는 하노버·프랑크푸르트·뒤셀도르프·쾰른·뮌헨 박람회를 칭한다. 하노버는 기계류, 프랑크푸르트는 자동차·악기·출판류, 쾰른은 가구·사진류, 뒤셀도르프는 패션·인쇄 기계·보트류, 뮌헨은 운동 용구·통신 기기 박람회로 유명하다.

이 밖에도 오펜바흐의 가죽, 함부르크의 선박, 뉘른베르크의 완구, 베를린의 전자 제품 박람회 등도 널리 알려져 있다. 베를린에서는 1996년에 음식과 호텔 사업을 위한 전시회와 유치원을 위한 전시회가 새로 추가되었다.

뒤셀도르프는 세계에서 가장 규모가 큰 건강 관리·포장·플라스틱·제빵 기계 등을 포함해 매년 40~60개의 행사를 개최하여, 1995년에 200만 명의 입장객에 4억 5천만 마르크의 수익을 올렸다.

38
소비자와 철저히 밀착하라

50년 전에 구입한 프라이팬의 플라스틱 손잡이를 교체해 주는 기업이 있다면 고객이 어찌 감동하지 않겠는가.

휘슬러 사가 바로 그런 기업이다. 휘슬러 사는 1845년 칼 필립 휘슬러에 의해 설립된 긴 역사를 지닌 회사로 창업 때는 연관류를 제조하는 업체로 출발했다.

휘슬러가 위치한 이다어 오비슈타인은 독일 최대의 상업 도시인 프랑크푸르트 남서쪽에 있는 인구 3만 5천 명의 작은 도시이다. 이 지역은 3백여 년 전부터 금은 세공을 비롯한 보석 가공업이 발달된 지역으로 금속 가공에 활용될 수 있는 숙련된 인력이 풍부한 점이 휘슬러 사의 입지 배경이 되었다.

혁신적인 기술 선도자로서 휘슬러 사의 역할은 기업의 발자취에 그대로 투영되어 있다. 휘슬러 사는 창립 이래 기술 혁신과 품질 개량에 첨단 기술을 적용하면서 주방 기기 분야의·기술 개발을 선도해 왔다.

주방 기기 제조 공정에 증기 엔진을 처음으로 사용하고 알루미늄을 재료로 채택했으며, 손잡이의 단열을 위해 플라스틱 부품을 적용하는 등 휘슬러 사의 기술 변천사는 그대로 세계 주방 기기의 발달사가 되고 있다.

냄비는 원형이라는 고정 관념을 깬 타원형의 냄비, 어린아이들에게 화상에 대한 주의를 촉구하기 위한 빨강색의 냄비 뚜껑, 요리 중에 잠깐 음식 맛을 볼 수 있도록 냄비 뚜껑을 세워 놓을 수 있는 독특한 디자인의 손잡이 등……

하여튼 압력솥·냄비·프라이팬 등 조리 기구 분야에서 세계 최고의 기업으로 꼽히는 독일의 휘슬러 사를 돋보이게 하는 요소는 많다. 제품에 담겨진, 언뜻 사소한 듯이 보이기도 하는 이 같은 특징 속에는 고객의 욕구를 읽고 제품에 반영하는 휘슬러 사의 고객 지향적인 경영 자세와 기술력이 담겨 있다.

휘슬러 사는 소비자들과 철저하게 밀착되어 있다. 주방 기기 분야의 기술 선도자로서 세계적인 명성을 쌓을 수 있었던 것도 소비자들의 욕구를 충족시키려는 노력에서 싹튼 것이다. 생산할 수 있는 기술과 능력을 따지기에 앞서 소비자들이 무엇을 원하느냐를 중요시하는 경영 방침을 휘슬러 사는 고집하고 있다.

소비자들이 원하는 제품이라면 반드시 생산해 낸다는 의지가 적극적인 기술 개발의 원동력으로 작용하고 있다. 휘슬러 사의 이 같은 경영 자세는 소비자가 제품의 구매자일 뿐만 아니라 제품에 대한 정보를 전파하는 가장 중요한 매개체라는 인식을 바탕에 깔고 있다.

휘슬러 사의 시장 지향적인 전략은 제품 개발과 관련된 의사 결정에 마케팅팀의 판단을 중요시하는 경영 회의에서 잘 드러난다. 제품의 아이디어는 대부분 시장에 근접한 마케팅 팀에서 나온다.

그리고 플라스틱으로 만든 견본을 놓고 토론하는 과정을 통해 개발할 제품이 선정된다.

이 경우 소비자들에 의해 선택될 수 있는 제품이냐가 그 무엇보다도 중요한 선정 기준이 된다. 기술팀은 마케팅 팀이 제공한 정보에 따라 제품을 개발하고, 생산팀이 기계를 제작하여 자체 생산 시스템을 구축한다.

변화하는 기업 환경 속에서는 품질과 디자인 등에서 소비자들이 요구하는 제품을 만들면 살아남을 수 있는 기업이 된다. 휘슬러 사의 매출액('94년)은 2억 4천3백만 마르크(1,350억원), 종업원은 900명이 조금 넘는 중소 기업의 범주를 벗어나지 않는다. 그리고 창업자의 4대 후손이 100%의 지분을 보유하고 있지만 경영은 철저히 전문 경영인에 의해 이루어지고 있다.

휘슬러 사가 내세우는 기술력은 제품과 공정 등에서 2백여 가지의 특허를 보유하고 있는 점에서 잘 나타난다. 특히 디자인 부문에서는 국제적으로 17차례에 걸친 수상 기록을 보유하고 있다.

이는 무엇보다 휘슬러 사의 제품이 지닌 인체 공학적인 편리성을 드러내는 것이다. 갖가지 신기술이 투입된 휘슬러 사의 생산 공정과 제품에는 고객 지향이라는 기술 개발의 방향성이 그대로 투영되어 있는 것이다.

39
아기의 엄마를 공략하라

치과 의사인 닥터 뮬러는 아이들의 치아를 연구하면서 치열이 고르지 못한 점을 발견하고 그 원인을 추적했다. 결국 그는 아이들이 손가락을 입에 넣고 빼는 버릇에서 그 원인이 있음을 밝혀냈다.

딱딱한 손가락이 잇몸이 무른 아이들의 치아에 무리를 주어 고르지 못하게 만든 것이다. 그러나 아이들의 손가락을 빠는 습관은 생존 본능에서 비롯된 것이므로 습관 자체를 바꿀 수는 없는 일이었다. 해서 손가락 대신 물릴 다른 것이 필요했다.

뮬러는 엄마의 젖꼭지는 치아에 결코 무리를 주지 않는 점에 주목하게 되었다.

뮬러는 엄마의 젖꼭지와 비슷한 물성을 지닌 물체를 제작, 유아들에게 물리면 해롭지 않을 것이라는 점에 착안하여 연구를 진행했다.

그가 개발한 것은 엄마의 젖꼭지 모양을 흉내낸 노리개 젖꼭지였다. 하지만 아무리 부드러운 고무라도 엄마의 젖꼭지와 동일한 부드러움과 인체 공학적인 구조를 지닐 수는 없었다.

닥터 뮬러는 연구를 계속했다. 그래서 결국 엄마의 젖꼭지가 유아들의 입에서 입천장과 혀, 이와 잇몸의 힘을 받아 형태가 변하는 것을 알아냈다. 이른바 치의학적인 유아용품으로서 전세계 엄마들로부터 가장 사랑받는 '누크'가 개발된 과정이다.

뮬러는 자신이 디자인한 젖꼭지를 사업화할 수 있는 업체를 물색했다. 이를 생산하기 위해서는 정교하게 고무 제품을 만들 수 있는 기술이 필요했다.

업체를 물색하던 닥터 뮬러와 당시 고무 제품 분야에서 독보적인 명성을 누리고 있던 마파 사의 만남은 자연스럽게 이루어졌다. 마파 사는 뮬러의 디자인을 사용하는 대가로 장기간 매출액의 일정 부분을 로열티로 지급키로 합의했다.

마파 사의 젖꼭지 노리개는 과학적인 특성이 소비자들에게 인식되면서 날개돋친 듯이 팔려나갔다. 그리고 마파 사는 유아용품업계에서 우뚝 설 수 있었던 것이다.

마파 사는 새로운 제품에 사용할 브랜드를 찾았다. 기존의 주력 상품인 콘돔과 고무 장갑에 사용되는 브랜드를 유아용품에 사용해서는 소비자들에게 어딘지 꺼림칙한 느낌을 줄 것이라는 인식 때문이었다.

해서 결국 '누크(NUK)'라는 브랜드를 새로 만들었다. 그것은 '자연과 흡사하며, 턱에 적합하다(Naturally Und Kidfer)'는 의미를 지니고 있다.

마파 사가 세계적인 일류 기업으로 명성을 떨치고 있지만 성장 과정이 항상 순탄했던 것만은 아니다. 지난 90년에 이루어진 독일 통일은 마파 사에게 뜻하지 않은 시련을 안겨주었다.

독일 통일은 독일인들의 염원을 이룬 경사임에는 틀림없었다. 마파 사로서도 동독 지역들도 시장을 확대할 수 있는 절호의 기회로 인식하고 잔뜩 기대감에 부풀어 있었다.

결과는 전혀 뜻하지 않은 방향으로 나타났다. 마파 사의 주력품인 누크의 판매량이 오히려 정체 상태에 빠진 것이다.

독일 통일 후 독일인들의 출생률이 현저히 줄어들었다. 엄청난 변화로 인해 미래에 대한 불확실성이 증대되면서 아이를 낳아 양육하는 부모들의 태도에 좋지 않은 영향을 주었던 것이다.

유아용품은 수요가 출생률과 밀접한 관계를 지닐 수밖에 없는데, 유아용품을 소비할 유아들이 줄어드니 자연히 수요도 줄어들 수밖에 없었다.

마파 사는 돌파구 마련에 부심했다. 그리고 결국 발상의 전환을 통해 기사 회생의 전기를 맞게 되었다.

마파 사는 성인용품과는 달리 유아용품은 구매자와 사용자가 전혀 다르다는 점에 주목했다. 즉, 유아용품을 사용하는 것은 젖먹이지만, 이를 구매하는 것은 주로 아기 엄마라는 점에서 그녀들의 수요를 유발하는 것이 문제였다.

이 같은 인식에 따라 제품을 개발하는 목표도 달라져야 한다는 점에 경영진은 의견 통일을 보았다. 아이들의 건강이라는 요소도 중요하지만, 구매하는 엄마의 시선을 끌 수 있는 부분도 새롭게 강조되어야 한다는 점이었다.

이 때 등장한 것이 젖병에 독일의 월트 디즈니로 불리며 아이들로부터 큰 사랑을 받고 있는 '야노시'의 그림을 넣자는 아이디어였다. 갈색의 멋도 없는 우유병이 꿈이 담긴 야노시의 화려한 그림으로 장식되면서 누크의 판매량은 폭발적으로 늘어났다.

노리개 젖꼭지도 변화가 이루어졌다. 과거에는 흰색 하나뿐으로 이는 다분히 유아의 사용성만을 고려한 것이었다.

마파 사는 노리개에 색깔을 넣어 젖꼭지의 종류를 24가지로 늘렸다. 아기 엄마들은 색색의 노리개 젖꼭지를 구입하여 아이의 옷에 맞는 노리개를 물리게 되었다.

그래서 노리개 젖꼭지도 색깔별로 여러 개씩 구매하는 것이 일반화되었다. 이에 따라 누크의 매출도 급격히 늘어갔다.

40
함께 일하는 사람들

독일 기업의 압도적 다수는 중소 기업이다. 또한 중소 기업은 오랜 전통을 자랑하는 가족 기업이기도 하다.

기업주와 종업원들은 대체로 친밀한 관계를 유지한다. 기업주들은 젊은 시절 사장인 아버지 밑에서 직접 밑바닥 일을 해 본 사람들이기 때문에 생산과 영업이 어떻게 돌아가는지 정확하게 파악하고 있다.

그래서 노사 관계도 다른 나라에 비해서 좋은 편이고, 노사 모두 서로 협력하는 동반자 관계를 잘 꾸리는 것이 얼마나 중요한지를 잘 안다.

사장에서 청소부까지 같은 회사에서 일하는 사람을 모두 통틀어 '직원(직역하면 함께 일하는 사람이다)'이라고 하는데, 이것은 사회적 서열 대신 공통의 과제를 해결하기 위해 협력한다는 면을 강조하는 표현이다.

자동차 회사에 부품을 납품하는 우수 기업체인 베바스토 사는 오래 전부터 색다른 경영 방식을 채택하여 성공하고 있다. 이 회사의 경영 원칙은 '높은 임금과 기업의 높은 수익성은 서로 공존한다'는 것이다.

이 회사의 근로자들은 다른 회사에 비해 훨씬 두툼한 월급 봉투를 받는다. 그럼에도 불구하고 회사의 수익성은 5%에 달하는데, 이는 매우 높은 수치여서 다른 업체의 부러움을 사고 있다.

베바스토의 루디 노펜 사장은 자랑스럽게 말한다.

"우리 회사의 종업원은 스스로 책임감을 느끼고 적극적으로 아이디어를 내놓는다."

이 회사에서 직원들의 평가를 위해서 아래로만이 아니라, 아래에서 위로도 시행되고 있으며, 직원들이 직접 회사 경영에 참여하기도 한다. 근로자들은 의무적으로 연금을 붓지만, 회사에서도 별도로 지도급 관리 직원을 뺀 모든 종업원에게 최소 2년 동안 생명 보험을 들어준다.

그리고 회사 수익에 따라 보너스가 주어지는데, 다만 근로자가 병가를 내면 보너스가 줄어든다. 이 회사 직원들은 그 때문인지 병가를 잘 내지 않고 꼭 필요할 때만 낸다.

몇 년 전에 〈슈피겔지〉에 장문의 기사가 실린 적이 있다. 그 기사에 따르면 독일 근로자들이 '병가'라는 신종 국민 스포츠를 너도나도 즐기고 있다는 것이다.

다시 말해 뚜렷한 의학적 이유도 없이 병가를 내고 회사에 결근하는 사람들이 늘어나고 있다는 것이다. 물론 이 가운데는 진짜 아파서 회사에 못 나오는 경우도 있지만, 대부분이 쉬기 위해 꾀병을 부리고 있다는 것이 이 기사의 줄거리이다.

독일에서는 3일 병가까지는 월급 수령에 불이익을 받지 않고 있다. 그래서 일부 회사에서는 이걸 활용하지 못하면 바보 취급을 받는 등 병가를 내는 게 유행처럼 번지고 있다는 것이다. 그래서 뚜렷하게 아프지도 않는데 회사에 나오지 않으면 '무노동 무임금'의 원칙을 적용해야 한다는 목소리가 높아지고 있다.

하여튼 이들 꾀병 환자들은 일 년에 평균 5~12일까지 상습적으로 병가를 내는데, 기업이나 관공서 등에서는 이로 인해 손실이 엄청나다는 것이다.

독일 경제 연구소에 따르면 업종별로는 고무 제품 11.2%, 금속 산업 9.5%, 자동차 9.2%, 그리고 최하위인 은행원까지도 5.3% 결근자가 생기고 있다.

예를 들면 오펠 자동차사의 종업원이 6만 명쯤이 되는데, 하루 평균 6천여 명이 병가로 회사에 나오지 않는다는 계산이다. 그러니 그 손실이 엄청나다는 것은 누구나 쉽게 짐작할 수 있을 것이다.

그러나 베바스토 사는 병가가 거의 없다. 뿐만 아니라 목표 생산량과 품질에 도달하면 생산 프리미엄을 제공한다. 그리고 이 회사에서는 직원들이 정기적인 회의를 통해 현재의 문제점에 대한 개선 방안을 논의한다. 목표 달성을 초과해서 추가로 기업에 수익이 있으면 추가 수익의 50%가 종업원들에게 분배된다.

지도급 관리 직원들은 업무 성취 정도에 따라 봉급액이 결정된다. 극단적인 경우 60%만 고정된 월급이고, 그 나머지는 능력급일 때도 있다.

사장을 비롯한 회사 간부들은 1년의 하루는 직접 생산 라인에서 일한다. 회사 내의 모든 일을 직접 체험해 보기 위해서이다.

"개방된 분위기 속에서 정기적으로 모든 직원과 함께 대화를 나누는 것이 우리 회사 제품 모델의 기본 요소입니다. 이 모델은 상황의 변화에 따라 계속 수정되고 있지요."

노펜 사장의 말이다. 그래서인지 이 회사에는 파업이 없다. 좋은 아이디어와 개방적인 회사 경영, 종업원의 책임 의식은 종업원뿐만 아니라 회사에도 이익을 가져다준다는 것을 보여주는 좋은 예라 할 수 있다.

41
신기술의 꽃은 특허

기업들이 경쟁에서 유리한 입지를 구축하고 세계 시장에서 주도적 위치를 달성하는 데 가장 중요한 요인은 기술이다. 그리고 신기술을 개발하면 특허를 받는다. 이 특허야말로 기업의 사활이 걸린 문제이다. 만의 하나라도 남의 특허를 침범했다면 소송에 걸려 엄청난 배상금을 물어야 한다.

그래서 세계 시장은 그야말로 특허 전쟁이라고도 할 수 있다. 뮌헨에 있는 이포 연구소는 대기업들의 국제 특허에 대한 통계를 집계하여 발표한 바 있다.

표 ①은 1985~1991년 사이의 7년간 제일 많은 국제 특허를 출원한 세계의 20개 대기업들의 명단이다. 이 도표에서 보듯이 혁신적인 20개 대기업 중 9개가 일본 기업이다.

독일이 5개로 2위, 미국이 4개로 3위를 나타내고 있고, 스위스와 네덜란드가 각각 1개씩이다.

표 ① 1985~1991년간 국제 특허품을 출원한 대기업

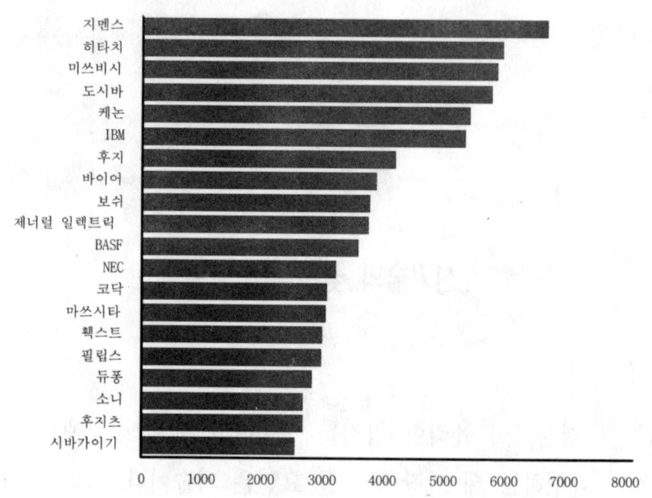

특허수(2개국 이상에 특허 출원)

기업의 혁신 능력은 자원의 가용성, 자격 있는 인력과 공급자의
확보 가능성, 그리고 생산 기반 등의 국내 환경에 크게 좌우된다.
이 환경에는 일류 중소 기업들에 큰 영향을 미치는 경쟁의 여러
요인도 포함된다. 이 관점에서 볼 때 뛰어난 중소 기업들이 활동하
고 있는 독일의 경제 환경은 혁신, 특히 국제적 시야를 가진 혁신
을 촉진한다고 볼 수 있다.

이처럼 유리한 독일의 기업 환경을 고려한다면 일류 중소 기업들
이 가장 혁신적인 기업이라는 것은 새삼 놀라운 일이 아니다. 이들

기업이 가지고 있는 특허수만 보아도 이들이 기술 혁신 능력이 그 대로 드러난다.

표② 중소 기업들의 국제 특허 현황

업 체 명	주 제 품	종업원	특허 수	종업원 100명당 특허 수
피셔베르크	건축용 나무못	2,350	5,500	234
헬트	이중 밴드 프레스	90	50	56
트라토 테크닉	땅굴 파는 기계	211	100	47
헤리온	공기 자동 조절 밸브	1,500	600	40
RUD	체인	904	350	35
자흐틀러	촬영기용 삼각대	130	40	31
하이덴하인	길이·각도의 전자 측정기	3,190	800	25
레플렉타	활판 기술	500	100	20
리탈	스위치 캐비닛	4,500	949	20
키케르트	자동차 잠금 장치	1,670	300	18
네취	도자기 기계	2,800	350	12.5
프로미넨트	조제용 계량 펌프	770	90	12
크로네스	라벨 부착기	7,600	811	11

표 ②는 13개 일류 중소 기업들의 특허 수와 종업원 수, 그리고 이 두 가지를 연관시킨 수치를 보여준다. 이 표에 나온 기업들의 특허에 대해 올바른 평가를 내리자면 4만 개의 특허를 보유하고 있고, 40만 명의 종업원을 거느린 세계 최대의 혁신 대기업 지멘스의 종업원 100명당 특허 수는 대략 10개 정도라는 사실을 알아야 한다.

이 세계 시장을 석권하고 있는 피셔베르크의 종업원 100명당 특허 수는 표에서 보다시피 234개이다.

이것은 1인당 2개가 넘는다는 거짓말 같은 사실이다. 이런 사실은 다른 기업들도 마찬가지이다.

그러나 특허에 대한 통계 수치는 일류 중소 기업들의 뛰어난 기술 능력의 한 부분만을 보여줄 뿐이다. 그리고 특허는 반드시 시장에서의 혁신이나 성공과 같은 뜻으로 통하지도 않는다.

하지만 특허의 통계 자료는 근거가 확실한 믿을 수 있는 지표라는 점에서 기술 혁신력과 같이 복잡한 양상을 수량적으로 파악하는 데 큰 도움을 줄 것이다.

42
지멘스의 TOP운동

'유럽 최대이자 세계 5대 종합 전기·전자 메이커', '반도체 및 산업용 조명 기구 등 전자·전기 제품에서부터 의료 기기와 고속 열차 등에 이르기까지 일상 생활에 필요한 제품은 모두 다 만드는 기업', '세계 1, 2위를 다투는 엄청난 연구 개발비를 투자하는 기업', '세계에서 특허를 가장 많이 가지고 있는 기업', 이것은 독일을 대표하는 다국적 기업 지멘스에 붙어 다니는 수식어들이다.

뮌헨에 위치한 지멘스의 본사를 방문하면 한 가지 특이한 점을 발견할 수 있다. 벽에 붙어 있는 포스터에서부터 단순 메모지에 이르기까지 'TOP SIEMENS'나 'TOP'이라는 단어가 빠지지 않고 씌어져 있는 것이다.

이것을 보면 약간 실망감을 맛볼 것이다. 얼마 전까지만 해도 우리 나라 기업들에게서 흔히 볼 수 있었던 '정상(TOP)을 향하여'라는 식의 상투적인 표어로 인식되기 때문이다.

그러나 그 내용을 알게 되면 'TOP'이라는 단어는 지멘스가 추진하는 세계화 전략의 요체임을 깨닫게 된다. 홍보 부원은 방문객이 물으면 이렇게 대답한다.

"TOP이란 시간 효율 극대화 과정(time optimized process)의 약자입니다. 한마디로 소비자 욕구 파악·신제품 개발·생산·조직·경영·기업 문화 등 모든 부분에서 소요되는 시간을 최소화하자는 것입니다."

지멘스의 'TOP운동'이 시작된 것은 1993년이다. 1992년에 취임한 피에르 회장은 지멘스의 정체된 기업 분위기를 바꾸기로 마음먹었다.

'TOP운동'은 경영 혁신이 절실히 필요하다는 최고 경영자의 인식에서 비롯되었다. 여기에는 경영진의 의식 개혁뿐만 아니라, 40여만 명에 이르는 전체 근로자의 혁신이 강조되었다.

또한 생산 과정의 혁신뿐만 아니라, 조직·문화·소비자 문제 등 모든 분야에서의 혁신 과정이 포함된다. '혁신이 가능한 모든 과정을 혁신한다'라는 것이 지멘스의 대명제이다.

'TOP운동'에서는 다음의 4가지 사항이 특히 강조된다.

첫째, 저렴한 비용으로 신속한 결과를 얻을 수 있도록 의사 결정 사항을 단순화하고 신속히 한다.

둘째, 소비자의 욕구를 만족시키는 제품을 생산할 수 있는 혁신을 장려한다.

셋째, 아시아·러시아·동유럽·남미 등과 같은 신흥 시장에서의 사업을 강화한다.

넷째, 관리자에서부터 종업원에 이르기까지 모두가 고객과 전체 조직의 이익 증진을 위해 잠재 능력과 창의성을 발휘할 수 있도록 도와준다.

이와 같이 혁신 목표를 달성하기 위해서는 좀더 효율적인 조직이 필요했다. 따라서 책임을 공유하고 강화시킬 수 있는 팀제가 자연스럽게 활성화될 수 있었다.

이러한 목표는 팀제하에서 고객의 욕구를 더 정확하게 반영할 수 있고 업무 효율을 증진시킬 수 있다는 계산에서 나온 것은 말할 나위 없다. 'TOP운동'의 결실은 금방 나타났다.

우선 신제품 개발 과정에서 혁신이 이루어졌다. 15년 전만 해도 지멘스의 상품 중 5년 이내에 개발된 신제품은 전체의 절반에도 미치지 못했다.

그런데 지금의 3분의 2 이상이 5년 이내에 만들어진 신제품이다. 반면 10년 이상된 노후 상품은 15년 전만 해도 22%에 달했으나, 1994년 말에는 9% 수준으로 격감했다.

이것은 지금의 주력 제품도 끊임없는 기술 혁신을 거치며 몇 년 이내에 신제품으로 대체된다는 것을 의미한다.

1993년 1월에는 전자 제품 생산 부문에서 신제품 하나를 개발하려면 무려 65개월이나 걸렸다. 이것은 고객의 욕구를 파악한 지 5년 6개월이 지나서야 신상품이 시장에 나올 수 있다는 것을 의미한다.

　5년 후라면 고객의 욕구도 이미 변해 버린 뒤이다. 그러던 것이 1993년 10월에는 32개월로 단축되었다. 이에 따라 매출은 8%, 신규 주문은 14% 증가하는 성과를 거두었다.

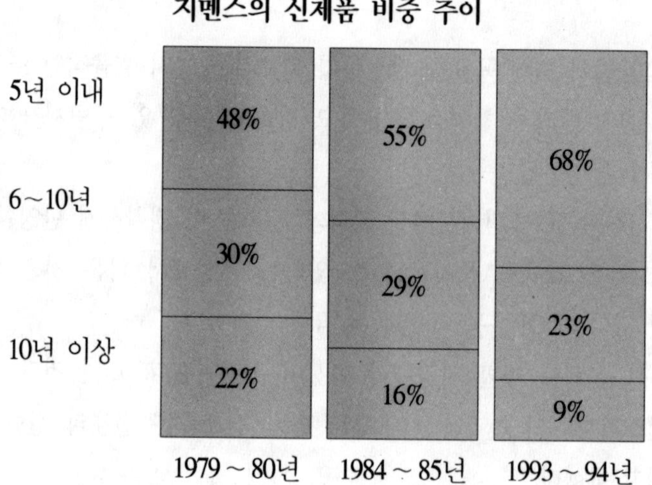

　이렇게 신제품 개발 속도가 빨라지고 있는 것은 지멘스의 엄청난 연구 개발비의 투자 덕분이다. 유럽의 수많은 기업 가운데 지멘스와 벤츠만이 연구 개발비 지출 순위로 세계 10대 기업에 들어갈 뿐이다.

　지멘스는 1994년 연구 개발비로만 75억 800만 마르크(4조 1천억 원)을 투자했다. 이는 매출액의 9%에 달하는 수준이다.

　그 가운데 절반 이상은 기술 속도가 빠르게 변하는 정보 통신 부문에 쓰여졌다. 이처럼 활발한 연구 결과는 신제품에 반영되거나,

각종 특허권 획득으로 나타나고 있어 국제적 기업 협력이 이루어 질 때 지멘스의 강점으로 작용하고 있는 것이다.

지멘스의 모든 해외 법인들은 철저한 독립적 운영을 원칙으로 하고 있다. 일단 거점을 마련하기로 결정되면 신속하게 그 곳으로 진출한다.

이러한 원칙은 1991년 체코의 최대 중공업 그룹인 스코다 사와 합작할 때도 적용되었다. 미국의 웨스팅하우스, 스위스와 스웨덴의 합작회사인 ABB가 동유럽 특수를 겨냥해 스코다 합작에 나섰지만, 지멘스가 이미 선수를 친 것을 보고 깜짝 놀랐다는 것은 유명한 일화에 속한다.

43
야심적인 목표를 설정하라

호텔과 레스토랑용 식기 세척기로 세계 시장을 주도하고 있는 빈터할터 가스트로놈 사의 다음 목표는 평범하지만 단호하다.

"우리의 목적은 유럽과 아시아에서 완전한 시장 지배자가 되는 것이다."

인큐베이터로 세계 시장을 주도하는 드레거베르크 사는 이렇게 선언하고 있다.

"정상의 위치, 우리는 선두를 지키고 싶다. 우리는 지금까지 이것을 위해 노력해 왔고, 마침내 성공을 거두었다. 기술과 시장 주도라는 두 가지 목적 모두에서 말이다."

창립 150년이 넘은 회사로 타일 생산으로 세계 1위, 도자기 접시를 만드는 데 세계 3대 기업 중의 하나인 빌러로이 운트 보흐 사의 목표 또한 단호하다.

"우리는 언제나 빠른 성공이 아니고 장기의 성과를 추구해 왔다.

우리는 단지 시장에서 최고의 기업이 되기를 원한다.”

신문 기자 홀스트 비알로는 젤라틴의 세계 시장 주도자 슈티스 사의 회장 예르그 지베르트에 대해 다음과 같이 기술하고 있다.

‘공식적으로는 부인하고 있지만 지베르트는 바로 젤라틴 시장에서 세계적 우위를 끊임없이 추구하고 있다. 1968년 멕시코 올림픽의 조정 경기에서 금메달을 딴 인물답게 그의 스테미너는 타의 추종을 불허한다.’

실크 생산에 사용되는 라셀 기계로 세계 시장을 주도하고 있는 칼 마이어 창업주의 세 아들 중 하나인 프리츠 마이어는 어느 인터뷰에서 분명하게 선언하고 있다.

“우리의 좌우명은 전세계의 모든 지역에 가능하면 우리 기계를 가장 합리적인 가격으로 판매하고, 우리 시장에 침입하는 경쟁자를 물리치는 것이다.”

분명하고 단호한 이들의 목표에는 사실 모호한 점도 없고 의문이 가는 부분도 없다. 회사의 이름을 제1인자가 되려는 목적과 연관시킨 조제용 계량 펌프의 세계 시장 주도자인 프로미넨트 도지어테크닉 사의 창업주 빅토르 둘거는 이렇게 말하고 있다.

“나는 처음에 우리의 목적을 내 발명으로 모든 펌프 제조업체를 압도하는 데 맞추었다. 이것이 바로 우리 펌프를 ‘유명한’이란 뜻의 ‘프로미넨트’라고 이름짓게 된 계기가 되었다.”

이 목표들은 약간 과장된 것인지도 모른다. 또한 목표에 대한 이 진술들이 목표를 성취하고 난 뒤에 나온 것인지, 또는 성취 과정에서 나온 것인지도 확인할 길이 없다.

 하지만 경영자나 종업원 모두 이 목표를 아주 중요하게 생각하고 있음은 틀림없다. 그리고 중요한 것은 바로 실천인 것이다.

 그들은 일단 목표를 정하면 머뭇거리지 않고 바로 실천한다. 이 것이 독일 중소 기업들이 세계 시장을 주도하는 밑거름인 것이다.

44
장기적인 전략을 세워라

뷔르트 사는 1950년대 두 사람이 창업한 기업으로 조립용 나사와 이음쇠 등의 조립용 제품으로 세계 시장을 주도하는 회사이다. 이 회사의 가장 강력한 경쟁자는 뷔르트 생산량의 겨우 20%만 공급하고 있을 뿐이다. 현재 전세계의 44개국에 자회사를 거느리고 있는 이 회사는 끊임없이 성장하고 있으며, 세계 시장의 지배력을 더욱 공고히 하고 있다.

뷔르트 사는 1979년에 2억 8,600만 달러의 매출을 올렸다. 그러자 사장 라인홀트 뷔르트는 다음과 같이 새로운 매출 목표를 세웠다.

'1986년에 6억 6,700만 달러, 1990년에는 13억 3,000만 달러의 매출을 올린다.'

이에 대해 뷔르트 사장은 자신만만하게 말한다.

"이 목표가 어떻게 이처럼 빨리 자체의 생명력을 발전시켜 기업 문화의 일부가 되었는가는 실로 놀라운 일이 아닐 수 없다. 종업원들도 이 계획에 일체감을 가지고 목표 달성을 위해 온 힘을 기울인다."

그런데 1989년에 1년을 앞당겨 13억 3,000만 달러의 매출 목표를 달성하자, 뷔르트 사장은 주저하지 않고 2000년에 70억 달러의 매출을 올린다는 새 목표를 제시했다.

1995년에 26억 7,000만 달러의 매출 실적을 올린 이 회사는 현재 2000년의 목표를 향해 힘차게 달려가고 있다. 뷔르트 사장은 이 새 목표에 대해 이렇게 평가한다.

"이 새 계획에 대해 종업원들은 즉시 받아들였다. 그 누구도 이 엄청난 숫자에 이의를 제기하지 않았고, 자신의 행동을 새로운 목표에 맞추는 데 문제를 보이지 않았다. 나는 이 새 비전이 자석과 같은 마력을 만들어낸다는 사실을 과장할 생각은 추호도 없다."

뷔르트 사의 브라질 자회사의 현지 공장장인 클라우스 핸드릭슨은 이렇게 논평하고 있다.

"이것은 더 이상 비전이 아니라 달성 가능한 구체적인 목표이다. 이 매출액을 달성할 수 있다는 낙관적인 사고는 냉정한 분석에 근거하고 있다."

물론 이 마지막 목표는 위험한 발상인지도 모른다. 뷔르트 사장도 이 비전은 토론에 부쳐 왈가왈부할 수 있는 문제가 아니라는 것을 솔직히 시인하고 있다.

"물론 누구나 이런 목표는 세울 수 있을 것이다. 그러나 시장·자금·인적 자원·경영 능력 등의 모든 장애 요인과 수단을 면밀히 검토하지 않으면 안 된다. 이런 문제점들을 하나하나 검토한 뒤에 야심적인 목표를 제시해야 할 것이다. 이런 기반이 탄탄한 때 목표는 순조롭게 성취될 수 있다고 본다."

고압 진공 청소기로 세계 시장을 석권하고 있는 케르허 사는 70년대 중반에 창업주가 사망하자 젊은 롤란드 캄이 경영을 인계받았다. 1978년에 회사의 매출액이 약 2천만 달러에 이르자 캄은 〈전망 1995〉라는 보고서에서 회사의 목표에 대해 이렇게 기술했다.

'나는 1995년에는 6억 6,700만 달러의 매출을 실현한다는 계획을 수립했다. 이 계획에는 아직은 미지의 신제품과 국제 시장 확대에 대한 구체적인 전략이 포함되어 있다.'

1993년에 케르허 사는 6억 9,100만 달러의 매출을 실현했다. 2년을 앞당긴 것이다.

그래서 새 목표는 10년 계획으로 수정되었다. 지금 이 회사는 새 목표를 향해 힘차게 항진 중이다.

호텔과 레스토랑용 식기 세척기로 세계 시장을 주름잡고 있는 빈터할터 가스트로놈은 다음과 같은 분명한 원칙을 가지고 있다.

"우리는 시간의 상당 부분을 미래를 위해 바치고 있다."

45
전통과 명성은 신기루에 불과하다

최근 독일 산업계에 먹구름이 드리워지고 있다. 그 중에서도 유명 상품 브랜드를 가진 대기업들이 흔들리고 있는 실정이다.

기업이 앞으로 살아남는 데는 기술 혁신을 통한 새로운 제품의 개발이 필수적이다. 한마디로 말하면 전통과 명성은 신기루에 불과한 것이다.

창의적인 신기술 없이는 도태될 수밖에 없는 것이 국제 경제의 냉혹한 현실이다. 전통과 명성으로 113년의 역사를 가진 세계적 기업 AEG사가 1996년에 도산하여 공중 분해되고 말았다. 이 회사는 우편 자동화, 에너지 관련 기술, 산업 시설 자동화, 철도 시설·디젤 엔진 등 국가 기간 산업 분야에 있어서 핵심적 역할을 담당했으나, 지난 10년간의 적자 누적에 못 이겨 결국 도산하고 말았다. 그 동안 누적된 적자가 무려 91억 마르크에 이르러 소생이 불가능하게 된 것이다.

철도·마이크로 전자·우편 자동화·디젤 엔진 분야만이 대주주인 벤츠 사에 흡수되었고, 다른 분야는 모두 프랑스와 스웨덴 기업에 매각되는 비운을 겪었다. AEG사의 도산으로 독일 국내 5만 명의 종업원 가운데 2만여 명이 일자리를 잃고 말았다.

AEG사의 도산은 기업이 살아남기 위해서는 치열한 경제 전쟁에 대비해야 한다는 것을 보여주고 있다. 첨단 정보의 수집, 신제품 개발, 운영 기술의 혁신, 경영 합리화 등의 새로운 마케팅 전략이 지속적으로 수립되어야 한다는 교훈을 보여주고 있는 것이다.

그룬디히 사의 예를 보자. 1995년에 회사가 창립된 지 50주년을 맞는 그룬디히 사는 종전 이래 독일 국민들로부터 가장 사랑받는 가전 제품 메이커였다.

그룬디히 사는 전유럽을 통틀어 최대의 생산 시설을 갖추고 4만 명 이상의 종업원을 거느린 대기업이었다. 이 회사는 한때 유럽의 6개국과 대만에 자회사를 설립했으며, 유럽 시장에서 50%나 되는 시장 점유율을 자랑하기도 했다.

하지만 현재는 종업원을 1만 명이나 줄여야 했으며, 매상고도 연간 46억 마르크에서 36억 마르크로 격감했다. 이 회사는 1981년 최초로 적자를 낸 이후 하강세를 벗어나지 못하고 있다. 그리고 1984년에 네덜란드의 필립스 사가 32%의 주식을 갖고 경영에 참여함으로써 순수 독일 기업으로서의 이미지를 잃게 되었다.

필립스 사의 참여로 사세가 잠시 회복하는 듯했으나 1991년 이후 적자가 다시 누적되었다. 1995년에만 6억 마르크의 적자를 기록하여 결국 필립스 사마저 재정 지원을 중단하겠다고 발표하기에 이르렀다.

그룬디히 사의 몰락은 일본·한국·홍콩·대만 등과의 경쟁에서 참패한 데 그 원인이 있다. 이 회사는 전체 매상의 3분의 2 이상을 TV·비디오·레코드가 차지하고 있는데, 이들 분야를 경쟁국에게 내어준 것이다.

이 회사는 인원 감축 및 경영 합리화를 통해 21세기에 홀로 서기에 대비하고 있다. 이 회사의 창립자 막스 그룬디히는 1989년에 73세를 일기로 세상을 떠남으로써 다행히 회사의 비운을 목격하지는 않았다.

독일 조선업계의 대명사라 할 만한 풀칸 사가 최근에 법정 관리에 들어가게 되었다. 보수적인 경영 방식과 무모한 사업 확장이 실패의 원인으로 분석되었다.

연간 60억 마르크의 매출을 기록하던 풀칸 사는 1995년에 10억 마르크의 적자로 돌아섰다. 통일이 되자 풀칸 사는 1992년 15억 마르크라는 엄창난 자금을 끌어들여 옛 동독의 4개 조선소를 인수했다.

이 조선소들은 시설이 낡은 데다가 경영 합리화가 이루어지지 않아 한국·일본 등 다른 조선국과의 경쟁에서 이길 수가 없었다. 선박 부분의 43%를 차지하고 8천 명 이상의 종업원을 거느린 대기업이 하루 아침에 몰락한 것이다.

독일 조선업계에 따르면 해운 회사들이 유럽 연합으로부터 지원금을 받아 한국·일본에 선박 건조를 의뢰하고 있어 독일 조선업계가 더 어려움을 겪고 있다고 한다. 특히 1995년 한국이 독일에서 11억 달러 규모에 달하는 컨테이너선 18척의 수주를 따낸 것이 철퇴를 가한 것이나 다름없다고 한다.

지금까지 독일 조선업계는 컨데이너선을 전략 업종으로 간주해 왔는데, 한국과의 경쟁에서 밀려났으니 그 충격은 너무도 컸다.

한국의 선박 가격이 독일의 절반 정도에 불과하여 가격 경쟁력에서 풀칸 사는 도저히 상대가 되지 않았다. 그만큼 풀칸 사는 신기술 개발을 등한시했던 것이다.

130년이 넘는 유구한 역사를 가진 KHD사는 특수 엔진·시멘트 특수 처리 시설·알루미늄 생산 시설·농업용 트랙터 등으로 세계적인 기업이다. 이 회사는 제2차 세계대전 중 영하 50도에서도 가동하는 탱크용 공랭식 엔진을 개발하여 소련 침공에 결정적인 기여를 했다.

그런데 KHD사 역시 수년 전 트랙터 부문을 이탈리아에 매각한 후 경영 위기로 몸살을 앓고 있다. 1995년 말 현재 적자 누증이 18억 마르크에 육박한 상태이다.

KHD사가 이처럼 어려움에 처하게 된 것은 특이하게도 사업상 저지른 부정 때문이라니 ‘정직’을 생명으로 여기는 독일인들이 고개를 절레절레 흔들 수밖에. 즉, 시멘트 공장 시설을 맡고 있는 자회사인 베닥 사가 사우디아라비아에 설치한 3개 시멘트 공장의 공사 진행 과정에서 컴퓨터 조작으로 6억 마르크의 적자를 흑자로 바꿔친 일이 들통난 것이다.

결국 이 사건의 여파로 회사의 주식 47%를 소유하고 있는 대주주 도이치 은행은 베닥 사를 매각하고 특수 엔진을 생산하는 도이츠 사만을 남기기로 결정했다. 해서 베닥 사 종업원 4천여 명은 하루 아침에 실직자로 전락하고 말았다.

다행히 도이치 은행과 주정부가 10억 마르크를 부담하기로 해서 KHD사는 명맥을 유지하고 있으나, 이미 전통과 명예는 형편 없이 구겨져 버렸다.

최근 독일 산업계에는 해외 기업군에 의한 M&A(기업 합병 및 인수) 열풍이 불고 있다. 많은 독일 회사들이 기업 사냥에 희생되어 국적을 잃고 있다.

유럽의 여러 기업들이 성장 전략의 일환으로 비교적 재정 기반이 튼튼한 기업의 합병에 열을 올리고 있는데, 독일의 기업이 군침 도는 사냥감으로 떠오른 것이다.

최근에 100년이 넘는 역사를 가진 유명 제지업체 10개 회사 가운데 6개가 외국 기업에 합병된 것만 보아도 그 얼마나 급격한 변화가 일고 있는지 짐작할 수 있으리라.

46
적자가 나더라도 기술 개발에 투자를

독일 슈투트가르트 시외에 위치하고 있는 트럼프 사는 1923년 크리스티안 트럼프 그런더에 의해 창업되었다. 그런더는 치과용 그라인더에서 아이디어를 얻어 판금용 전동 가공기를 생산할 목적으로 회사를 차린 것이다.

결국 그는 1934년에 세계 최초로 판금용 전동 가위를 개발했고, '67년에는 NC기계를 생산 품목에 추가시켰다. 트럼프 사가 생산한 NC기계는 궤도를 그리며 자동으로 작업을 수행할 수 있는 새로운 기능을 지닌 점에서 획기적인 제품으로 업계의 시선을 끌었다.

현재 트럼프 사의 주제품은 레이저 가공기이다. 업체간 경쟁이 치열한 레이저 가공기 분야에서 세계 시장의 15%를 점유하고 있는 트럼프 사는 명실공히 세계 제일의 업체로 평가받고 있다.

레이저를 처음 발명한 것은 미국이지만 이를 세계 최초로 판금 가공용 기계에 응용한 것은 트럼프 사로 1979년의 일이었다.

또한 레이저 가공기의 핵심 장치인 레이저 발진기로 지난 '85년 부터 자체 생산하면서 일본의 파낙 사와 미쓰비시 사, 독일의 로핀 지나 사와 함께 레이저 발진기 분야의 세계 4대 업체로 꼽히고 있다.

그런데 이들 세계 4대 업체 중 자체 생산한 레이저 발진기를 이용하여 레이저 가공 기계를 만드는 회사는 트럼프 사가 유일하다. 레이저 기계 제작 업체로서 발진기까지 생산할 수 있게 되어 원가를 절감하고 제품의 특성을 완벽하게 파악할 수 있는 능력을 갖춤으로써 트럼프 사는 다른 어떤 업체도 넘보지 못할 확고한 경쟁력을 갖추게 되었다.

트럼프 사는 '비록 적자가 나더라도 기술 개발에 대한 투자는 멈추지 않는다'라는 강력한 의지로 무장한 회사이다. 특히 세계 경제의 불황으로 기업들의 설비 투자가 정체되면서 매출액이 1990년을 고비로 감소세로 반전됨에 따라 '92~'93년에 트럼프 사는 극심한 어려움을 겪었다.

6억 마르크를 웃돌던 매출액이 '92년에는 6억 마르크를 밑도는 수준으로 떨어졌다. 그러나 트럼프 사는 연구 개발에 대한 투자는 멈추지 않았다.

매출액 감소에도 불구하고 연구 개발에 대한 투자는 오히려 늘려 매출액 대비 6%였던 연구 개발비의 규모가 '92년 이후에는 8% 수준으로 오히려 높아졌다.

이같이 적극적인 기술 개발과 세계 경제의 회복세에 힘입어 '94년에는 매출액이 6억 2천4백만 마르크로 늘어났으며, '95년에는 매출액이 7억 마르크를 넘어 사상 최고치를 기록했다.

판매되는 기계의 제작 연도를 보면 최근 3년 이내에 제작된 것이 전체의 81%로 기술 개발의 성과로 생산된 신기술에 대한 시장의 호응도를 보여주고 있다.

"인건비가 높은 독일에서 좋은 제품을 싸게 만드는 기술 개발에 소홀해서는 생존조차 곤란하다."

이것이 트럼프 사의 이념이자 목표이다.

47
'딱정벌레'의 몰락과 재기

1998년 12월 21일, 미국의 〈비즈니스 위크〉지는 '98년 최고의 상품'을 발표했다. 창조성을 무기로 소비자들의 사랑을 얼마나 많이 받았는지를 평가한 24개 최고 상품은 치약·면도기에서부터 컴퓨터·자동차까지 망라되어 있다.

영화의 '오스카 상'이나 마찬가지인 이 명단에 이름이 오르면 그 제품은 광고를 하지 않아도 판매가 엄청나게 늘어나니 세계의 수천 수만의 기업들이 눈에 불을 켤 수밖에.

이 명단을 보고 가장 크게 환호성을 지른 기업은 아마 폴크스바겐 사일 것이다. 자사 제품인 '뉴비틀'이 베스트 소형차로 선정된 것이다. 그들이 흥분한 것은 다 이유가 있다.

'1983년 8월 초, 폴크스바겐 사의 회장 칼 H. 한은 폴크스바겐 사가 이제 일대 혁신이 불가피한 시점에 도달했다고 선언했다. 또한 한 자동차 사업의 전문가는 이렇게 평가하고 있었다.

"라인 강의 기적을 일으킨 독일 경제와 함께 그 동안 세계의 소형차 시장을 주름잡던 '비틀'의 전성기는 이제 끝이 났다."

사실 '작은 것이 아름답다'라는 용어까지 창조해 내며 '60년 전세계 도로를 질주하던 귀여운 '딱정벌레'의 회사인 폴크스바겐 사는 주력 시장인 미국을 포함한 거의 모든 시장에서 점유율이 해마다 떨어지고 있었다.

세계 제일의 자동차 시장인 미국에서의 시장 점유율이 '70년 7.2%에서 '80년에는 절반에도 못 미치는 2.6%까지 떨어져 있었다. 또 본바닥이라고 할 수 있는 유럽에서도 프랑스의 르노, 미국의 GM, 이탈리아의 피아트 등 세계 유수의 자동차 회사들에게 밀리고 있었다.

더구나 자국인 독일 시장에서조차 미국의 GM에 바짝 추격당하고 있는 형편이었으니 말해 무엇하랴. 세계의 소형차 시장의 판도는 완전히 달라지고 있었던 것이다.

'50년대의 주역이었던 프랑스의 르노를 제치고 이탈리아의 피아트와 함께 '6,70년대의 왕자로 군림했던 폴크스바겐 사는 '70년대 말부터 적극 공세로 나선 미국·일본의 소형차에게 왕좌를 내주고 만 것이다.

'싸고, 튼튼하고, 기름도 덜 먹는 승용차'라는 폴크스바겐 사의 최대 강점에서 과거의 영광과 현재의 몰락이 있고, 이후 재기의 몸부림이 있게 된다. 이것이 '80년대 초의 폴크스바겐 사의 형편이었다.

폴크스바겐 사가 영광을 상실하게 된 데는 '70년대 후반 마르크화의 강세로 인해 달러로 표시되는 대당 가격이 치솟은 점과, 유가 안정으로 미국인들의 대형 승용차 선호가 부활했다는 점 등 여러 가지 원인을 들 수 있다.

하지만 무엇보다도 가장 큰 이유는, 폴크스바겐이 '딱정벌레차'라는 닉네임으로 잘 알려진 '비틀' 모델에 안주하고 있었다는 점에 있다.

비틀은 미국 내에서만도 '49년부터 '77년까지 무려 5백만 대 이상이나 팔렸다. 비틀은 대중들과 친숙한 나머지 월트 디즈니가 그의 만화 영화에 이 차를 단골 메뉴로 등장시키기까지 했다. 그 덕분에 '비틀'은 광고비 한푼 들이지 않고도 엄청난 광고 효과를 본 것이다.

그러나 '70년대 중반을 넘어서부터 폴크스바겐 사의 독주 시대는 막을 내리기 시작한다. 미국·일본의 자동차 회사들이 내놓은 소형차들이 딱정벌레차보다 훨씬 싼 값에다 참신한 모델로 세계 시장, 특히 미국 시장을 점령하기 시작한 것이다.

'79년부터 '81년까지 딱정벌레차의 미국 내 판매 실적은 19만 7천 대에서 8만 4천 대로 뚝 떨어진 반면, 일본 차의 점유율은 17%에서 22%로 급신장했다. 그제야 정신이 번쩍 든 폴크스바겐 사는 비틀 모델을 약간 개량한 '골프'라는 새로운 모델을 출시해 전세만회에 안간힘을 썼지만 행운의 여신은 이미 떠나 있었다.

'78년부터 시판된 골프 모델은 갑작스런 마르크화의 강세로 생산원가 외적인 폭등 현상에 직면한 것이다. '78년 3천 달러에 시판되던 골프형은 '83년에 6천 달러를 돌파해 버렸던 것이다.

반면에 강력한 경쟁사들은 대당 5천 달러를 밑돌고 있으니 상대가 되지 않았다. 게다가 미국 내 현지 생산 공장인 VOA와 본사와의 의견 대립도 쇠퇴의 주요한 원인이 되었다.

VOA와 본사와의 알력은 VOA가 비틀형과 골프형 등 폴크스바겐사의 주력 모델을 미국형으로 개조하면서 표면화되었다. 기존 모델의 미국화가 도리어 역효과를 가져온 것이다.

"모델의 미국화가 폴크스바겐의 개성을 박탈하여 시장성을 약화시켰다."

판매 대리점들이 이렇게 지적하면서 속속 이탈하는 바람에 1,200개에 달하던 대리점 수가 900개소로 대폭 축소되었다.

1983년 8월 초, 독일 볼프스부르크의 폴크스바겐 사에서는 지난날의 영광을 되찾기 위한 경영 혁신 전략이 발표되었다.

1. 아시아 시장 개척
2. 신형 모델 개발
3. 고급 차종 개발
4. 생산 라인 자동화

칼 H.한 회장은 이상의 4개 항목의 개혁안을 내놓았다. 경영진이나 종업원 모두 이 개혁안에 동참했음은 물론이다. 그리고 15년이 지난 오늘날 폴크스바겐 사는 드디어 소형차의 왕좌 자리를 되찾았으니 그 감개 무량함이 오죽했겠는가.

물론 '뉴비틀'이 '올해의 상품'으로 선정된 것은 '50년대에 접어

든 베이비 붐 세대의 향수를 자극시키며 복고 바람을 일으킨 덕분
이기도 하지만, 꾸준히 개혁을 계속한 플크스바겐 사의 임직원의
피와 땀이 결실을 본 것이라 할 수 있다.

48
슈퍼 전문 기업

손대지 않고 이용할 수 있는 화장실 설비를 개발하여, 세계 1위를 고수하고 있는 클린 컨셉트 사는 그들의 주관심사를 다음과 같이 발표한 바 있다.

"위생의 시대가 막 시작되었다. 그래서 우리는 위생 부문에 전문화했다. 지금까지 우리의 재능과 능력을 모두 이 분야에 집중해 왔다. 우리는 모든 것을 다 만드는 기업을 원치 않는다. 사실 우리는 한 가지만이라도 잘 만들고 싶다. 우리는 다른 제품과 함께 위생 제품을 공급하지 않고 오로지 위생 제품 하나만 만든다."

독일의 많은 중소 기업들은 다양화에 대한 유혹을 과감히 물리쳤다. 한 가지 일에만 전념하는 기업은 거의 언제나 일이 잘 진척되었다.

슈퍼 전문 기업이란 이처럼 한 가지 품목에만 매달려 세계 시장을 주도하는 기업을 말한다. 이들은 종종 특정 제품의 유일한 공급자이기 때문에 진정한 의미의 경쟁자는 없다고 해도 과언은 아닐 것이다.

DMI사의 회장 유르겐 슐체는 자기 회사의 공랭식 디젤 엔진에 대해 이렇게 말했다.

"이 엔진은 진정 기적이라 할 수 있다. 몇 년 전 우리는 환경 부담금 때문에 이것을 포기하려고 했다. 하지만 우리는 그 사이에 이 엔진이야말로 어떤 특정 용도나 장소, 이를테면 정비가 어려운 혹한 지대나 사막, 또는 벽촌에서 이에 필적할 수 있는 엔진이 없다는 사실을 알게 되었다. 우리는 사실상 이 엔진을 대량 생산하는 세계 유일의 기업이다."

살충제를 쓰지 않고 해충을 잡는 기구의 전문 생산업체 에록손 사는 꿀을 사용해 파리를 잡는 플라스틱 판을 주제품으로 90년간 바꾸지 않고 있다. 이 회사는 현재 세계 시장의 50%를 장악하고 있다.

그리고 단추 하나로 세계 시장을 석권하고 있는 우니온 크노프 사는 총 25만 가지나 되는 가지각색의 단추를 생산한다. 무슨 단추가 필요하든지 이 회사에 가면 다 구할 수 있을 정도이다.

클라우스 그로만은 고객으로 자신의 전문성을 정의하는 독특한 기업인이다. 그의 회사 그로만 엔지니어링은 전자 제품을 조립하는 데 사용하는 기계와 설비를 제작하고 있는 초일류 기업이다.

그의 시장에 대한 정의는 다음과 같다.

"우리는 가장 진취적이며 주도적인 세계 30대 전자 회사에 초점을 맞추어 이득을 우리의 시장으로 하는 정의를 내렸다. 가장 주문이 많은 이 고객들을 위해 일하다 보니 우리도 자연히 세계 일류 기업이 되었다. 이 전략이 우리의 성장 가능성을 제한한지 모르지만 우리는 정상의 자리를 굳게 지킬 수 있다고 자신한다.”

그리고 그는 지금 상담 중인 고객을 보여주었는데, 거기에는 세계적인 기업인 인텔·모토로라·에릭슨·보쉬·알카텔이 들어 있었다.

자동 식기 세척기 시장은 다양하다. 예를 들어 공장·호텔·레스토랑·병원·학교·공공 기관 등이 모두 시장이 될 수 있다.

따라서 잠재 시장의 폭은 넓다고 할 수 있다. 그러나 일반 소비자의 요구 사항은 부분마다 서로 다르기 때문에 다양한 제품을 개발해야 한다.

이 분야에서 세계 1위를 차지하고 있는 빈터할터 사의 보벡 사장은 이렇게 술회하고 있다.

“상업 용도의 자동 식기 세척기의 전체 시장을 분석한 결과 우리의 시장 점유율은 대략 2% 정도라는 사실을 알았다. 우리는 그야말로 하잘것없는 소기업에 불과했다. 따라서 우리는 전략을 완전히 새롭게 바꾸지 않으면 안 되었다. 우리는 오로지 호텔과 레스토랑에 초점을 맞추기 시작했다. 우리는 우선 회사 이름을 미식가라는 뜻의 ‘Gastronom’을 붙여 빈터할터 가스트로놈으로 바꾸었다. 그리고 기업의 목적을 ‘완전한 책임을 지는 깨끗한 컵과 식기의 공급자’로 규정했다. 우리는 정수 장치와 자체 브랜드의 세제를 제품 목록에 추가했다. 우리는 24시간 내내 최상의 서비스를 제공하고 있다. 현재 호텔과 레스토랑에 대한 우리의 세계 시장 점유율은 1

5~20% 정도이지만 계속 상승하고 있다. 이 단일 시장에서 그 누구도 우리와 경쟁할 수 없다. 좁은 시장에 맞춘 우리의 시장 정의는 지금까지 우리가 내린 가장 중요한 전략적 결정이었다. 이것은 지난 10년간 우리가 이룬 성공의 기반이 되었다.”

크로스컨트리용 스키를 만드는 세계 2위의 게르미나 사도 제품 수에서는 마찬가지이다. 이 기업은 옛 동독의 최우수 선수가 크로스컨트리 경기에서 우승한 기록을 기반으로 강한 입지를 구축했다.

게르미나 사는 훨씬 넓은 알파인스키 시장을 피하고 크로스컨트리용 스키의 작은 시장에 전념하여 고도의 기술 분야에서 전문화한 것이다.

슈퍼 전문 기업의 초점 전략의 우수성이 뚜렷이 입증되는 경우는 종종 볼 수 있다. 세계적인 중소 기업 브리타 정수기의 창업주 하인츠 한컴머는 이렇게 말하고 있다.

“우리의 경쟁자 중의 하나인 라이프하이트 사는 1천여 가지의 제품을 생산하고 있다. 그 중의 하나가 정수용 필터이다. 그런데 우리는 오직 필터 하나만 생산하기 때문에 라이프하이트는 우리의 적수가 되지 않는다. 5년 전 커피용 필터의 1인자 메리타가 우리에게 도전했지만 실패한 적도 있다. 커피를 끓이는 기구를 만드는 세계 최고의 기업인 미국의 미스터 커피도 우리에게 싸움을 걸었지만 패배의 쓴맛만 보았다. 많은 제품을 다양하게 만드는 기업은 우리에게 전혀 위험이 되지 않는다. 왜냐 하면 우리는 오직 한 가지 제품에만 주력하기 때문이다.”

브렐러 사는 회의 장비와 통역 설비 임대업의 독보적인 존재이다. 이 회사는 백악관과 크렘린의 기자 회견장, 리우의 환경 회의, 뮌헨의 G7 정상 회의, 세계 은행, IMF 등의 회의장 설비를 독점하고 있다. 이 회사의 영업부장 바우어는 자랑스럽게 말한다.

"우리는 전문 기업이다. 우리를 지멘스나 필립스와 같은 대기업과 비교해 보라. 그들에게 있어 이 시장은 별로 매력적인 사업이 아니다. 이것이 바로 우리의 이점이기에 우리는 우리의 전문 분야에서 편안히 생존할 수 있다. 지멘스와 필립스는 결코 그렇게 할 수가 없다."

맥주용 홉으로 세계 시장을 석권하고 있는 바트 사도 마찬가지이다. 이 회사의 홍보 책임자는 다음과 같이 말하고 있다.

"우리의 경쟁 회사 중 몇몇은 맥아나 보리와 같은 양조용 농산물에도 손을 대고 있다. 하지만 우리는 그들의 흉내를 내지 않았다. 오직 홉에만 전념하고 그 외의 다른 것에는 손대지 않았다. 이렇게 한 가지에만 집중하여 우리는 누구도 따라올 수 없는 완벽함을 이룰 수 있었다."

슈퍼 전문 기업들은 상황이 좋을 때 관련 분야에서 분업으로 재미를 볼 때도 가끔 있다. 그러나 진정한 슈퍼 전문 기업은 이 유혹을 물리치고 전문 분야를 지킨다.

그렇게 하는 것이 바로 세계 일류가 되는 유일한 최선의 길이라는 것을 잘 알기 때문이다.

49
전문 시장을 스스로 창조하라

독일 기업들 중에는 사실상 시장을 소유하고 있는 몇몇 기업들이 있다. 물론 엄격한 의미에서 아무도 시장을 소유할 수는 없다. 그런데 이들은 그들의 전문 시장을 스스로 창조해 낸 것이다.

마가레터 슈타이프 사는 120년의 오랜 역사를 자랑하는 회사로 작은 코끼리 장난감을 처음 제작한 것은 1880년이었다. 그리고 1902년에는 저 유명한 '테디 곰'이 나왔다.

이 테디는 1901년에 취임한 미국의 제26대 대통령 데오도어 루스벨트의 애칭에서 따온 것이다. 곰 사냥을 끝마치고 새끼 곰의 목숨을 살려주는 자비심 많은 대통령을 그린 만화가 그 발단이었다. 이것이 그야말로 공전의 히트를 쳤다.

슈타이프 사의 모든 동물 장난감은 귀에 단추를 달고 있다. 전통과 연속성이 슈타이프 사의 전략이라 할 수 있다.

수집가들의 수집 운동이 자연스럽게 일어났다. 물론 미국이 가장 중요한 시장이다. 현재 새로 나온 테디 곰은 값이 2천 달러나 된다.

슈타이프의 역사를 보면 생산 능력이 부족해 공급받지 못한 고객의 대기 명단을 수없이 볼 수 있다. 물건을 충분하게 공급하지 않고 의식적으로 회귀품을 만드는 것이 이 시장의 중요한 전략이라 할 수 있다.

또 한 예로 금속이나 도기로 만든 작은 조각상으로 유명한 훔멜 사가 있다. 전세계의 수집가들, 특히 미국의 수집광들은 이 작은 미술품에 엄청난 값을 치르고 있다.

사실 이 시장을 형성하고 있는 열렬한 수집가들에게 훔멜의 미술상과 대체할 만한 것은 아무것도 없다. 이것은 스스로 창조한 거의 완벽한 시장이라 할 수 있다.

하인 사는 연간 매출액이 700만 달러에 불과한 중소 기업이다. 이 회사는 아이들이 입으로 비눗방울을 만드는 액체 비눗물 푸스테픽스를 생산한다.

사장 게롤트하인은 다음과 같이 설명한다.

"푸스테픽스류의 다른 제품과는 경쟁을 하지 않는다. 우리는 초콜릿바나 과자 등을 사려는 아이들의 주머니돈을 공략할 뿐이다."

이 제품은 현재 미국과 일본을 비롯한 50여 개국에 수출되고 있다. 이 시장에는 다른 경쟁자들이 있을 수 없다. 6개의 특허로 보호받고 있는 제품이니까.

특허로 요새를 지키고 있는 또 다른 기업으로는 피셔테크닉 사가 있다. 이 회사의 창업주 알투르 피셔는 아마 에디슨 이후 가장 부지런한 발명가일 것이다.

이 회사가 가지고 있는 특허는 무려 5,500여 개나 된다.

피셔테크닉 사는 조립 부품으로 모든 종류의 최종품을 조립하는 조립식 장난감을 만드는 전문 회사이다. 이 제품은 청소년들에게 인기가 있을 뿐만 아니라 공장이나 제조 공정의 모형을 만드는 데 이용된다.

피셔테크닉은 100개 이상의 나라에서 팔리고 있다. 그리고 견고한 특허의 보호막 때문에 감히 도전해 오는 회사가 없다.

리첸호프 사는 독특한 방법으로 자기의 시장을 창조하기 시작했다. 이 회사는 맥주 글라스와 자동차와 공장 시설에 쓰이는 특수 용도의 유리로 널리 알려져 있었다.

일찍이 리첸호프 사는 모든 종류의 음료수 잔, 이를테면 맥주·포도주·프랜드용 글라스는 있지만 우유 컵이 없다는 사실을 깨달았다. 그래서 이 회사는 특수한 우유 컵의 기본 그림을 그린 다음 미술가를 초빙하여 색상 디자인을 맡겼다.

각국어로 우유 —— Milk(영어)·Milch(독일어)·Lait(불어)·Leche(스페인 어)·Latte(이탈리아 어) 등 —— 라고 표시한 이 국제적인 프로젝트는 즉각적인 성공을 불러왔다. 첫해에 개당 11.67달러의 고가로 무려 60만 개의 컵을 팔았으니까.

이 국제적인 제품은 여러 나라의 미술관이나 박물관에 진열되어 예술품 대접을 받고 있다. 첫 시리즈로 나온 컵은 현재 개당 533달러에 거래되고 있다.

이 회사는 수집가들을 중심으로 '리첸호프 우유 컵 클럽'을 만들었고, 매년 새 디자인의 우유 컵을 소량 생산하여 그 중 몇 가지는 클럽 회원들에게만 판매하고 있다. 이러한 개념으로 본다면 리첸호프는 컵만 팔고 있는 것이 아니다.

이 회사가 만드는 컵은 그야말로 '특별한 것'의 대명사이기 때문에 다른 우유 컵과는 경쟁이 안 된다.

50
지속적이고 신속한 애프터 서비스

전세계적으로 지속적이고 신속하게 애프터 서비스를 제공하는 것은 중소 기업들에게는 커다란 도전이다. 대기업들과는 달리 이들은 나라마다 우수한 애프터 서비스 팀을 늘 유지할 여유가 없기 때문이다.

그 대신 이들은 빠르고 융통성 있게 움직인다. 그로만 엔지니어링이 내건 서비스 슬로건은 '믿을 수 있고 세계적인 서비스'이다.

이들의 포스터에는 그로만의 기술자가 고객을 찾아가는 데 이용하는 빠른 운송 수단의 상징으로 고속 승용차·제트 여객기, 그리고 낙하산이 그려져 있다.

대부분의 성공한 중소 기업은 애프터 서비스 때 기술자 파견은 24시간 이내에, 예비 부품 공급은 48시간 이내에 하도록 방침을 정해놓고 있다. 이것은 중소 기업들로서는 커다란 경영의 성과라 할 수 있을 것이다.

라벨 부착기로 세계 시장을 석권하고 있는 크로네스 사의 창업주 크로제더는 이 문제에 대해 다음과 같이 말하고 있다.

"우리는 언제나 250명의 서비스와 장치 부문 기술자들을 전세계에 배치해 놓고 있다. 이들은 며칠은 물론 몇 주간, 때로는 몇 달간 집에 들어가지 못하는 경우가 허다하다. 이것은 본사에 앉아 있는 서비스 부원이나 그 책임자로서는 도저히 해결할 수 없는 문제이다. 나는 우리의 애프터 서비스가 세계 최고라는 칭찬을 들을 때마다 아주 자랑스럽게 생각한다. 이것이 바로 우리가 성공을 이루는 데 기반이 되었고, 10년에서 20년의 경험을 가진 우리 서비스 요원들의 공이라 할 수 있다."

이어 그는 예비 부품의 공급 시스템에 대해 이렇게 말하고 있다.

"우리는 주컴퓨터에 각 기계에 대한 총 2만 개의 자료를 저장해 놓고 있다. 이 자료들은 세계 어느 곳에 있는 지사나 판매점에서 30초 내에 이용할 수 있다. 자료가 즉각 수치 제어 기계에 옮겨지면 예비 부품은 곧장 제작에 들어가 밤낮없이 만들어진다. 오전 7시 이전에 주문받은 부품은 보통 오후에 트럭에 실려 프랑크푸르트 공항으로 가고, 거기서 같은 날 저녁에 목적지 국가로 공수된다. 동시에 우리 자회사에 신속한 세관 통과에 지장이 없도록 비행기편 번호와 화물 번호를 알려준다."

이런 기업이 고객으로부터 최상의 평가를 받는 것은 당연하다. 세계적 기업이라면 고객이 어디에 있든 전혀 개의치 않는다. 기업이 어디에 있든 고객은 애프터 서비스를 필요로 하니까.

애프터 서비스에서 교육·훈련은 아주 중요한 부분이다. 독일의 중소 기업들은 전세계에 수백 개의 훈련 센터를·운영하고 있다.

휴대용 동력 사슬톱으로 세계 시장에 우뚝 서 있는 스틸 사의 훈련 센터는 널리 알려져 있고, 또 명성도 얻고 있다. 이 훈련 센터에서 고객들에게 기술 교육뿐만 아니라 고객의 사업과 관련이 있는 모든 분야에 대한 정보를 제공하고 있다.

머리 손질용 미용 제품으로 세계 시장을 리드하고 있는 엘라 사의 세미나는 많은 나라의 미용사들에게 인기가 있다. 거기에 가면 헤어스타일의 유행 추세를 한눈으로 알 수 있기 때문이다.

전세계 정수기의 85%를 장악하고 있는 브리타 정수기 회사의 고객은 주로 소매상들이다. 소매상은 대개 오전 9시에 문을 열지만, 8시부터 8시 사이에 브리타 정수기의 영업 사원은 정수기의 판매와 조작 방법에 대해 이들을 교육시킨다. 브리타는 소매상들에게 스스로 이 정수기를 사용하라고 요구한다.

"주인이 제품에 대해 확신을 가지면 고객도 쉽게 확신시킬 수 있기 때문이다."

사장 한 캄머의 말이다.

51
고객과 직접 접촉하라

독일 상인은 자기들의 시장을 샅샅이 알고 있다고 자부한다. 그리고 이렇게 말한다.

"우리가 시장에서 제일 자주 이용하는 정보원은 바로 고객이다."

고객과의 직접적인 접촉을 선호하는 것은 독일 중소 기업들의 전체 전략의 큰 뼈대를 이루고 있다. 그들은 해외 시장으로 진출해 자회사를 설립할 때 중간에 브로커를 내세우는 것을 철저히 기피한다.

물론 관상용 물고기 사료업계의 세계 1인자 테드라, 머리 손질용 미용 제품으로 잘 알려진 웰라, 구미바르텐이라는 과자로 유럽과 미국의 시장을 주름잡고 있는 하리보처럼 고객에게 제품을 팔 때는 소매상을 거치지 않으면 안 된다. 그러나 이들까지도 될 수 있으면 고객과 직접적인 접촉을 시도한다.

따라서 아시아의 거의 모든 국가에 자회사를 두고 있는 웰라는 그들의 전문적인 머리 미용 분야에서 전세계의 미용사들과 직접 접촉하려고 노력한다.

테드라는 관상용 물고기를 취급하는 상인들을 위해 수시로 세미나를 개최하고, 여기서 고객들로부터 반응을 수집할 수 있는 기회를 얻는다.

이들 기업들이 가지고 있는 또 하나의 특징은 고객과 직접 거래하면서 심도 있는 애프터 서비스를 제공한다는 점이다. 이들 경영자들은 애프터서비스를 하자면 수시로 여행을 해야 하지만, 이것을 제일 중요한 책임의 하나로 생각하고 있다.

쌍축 은박지 압연 설비로 세계 시장을 주도하고 있는 브뤼크너 사의 사장 피네커는 다음과 같이 말한다.

"나는 전세계의 우리 고객을 하나하나 다 알고 있고, 또 직접 방문했다. 내가 찾아가서 이룬 이 직접적인 고객 관계는 더없이 귀중한 것이다."

언젠가 미국의 모 일간지에 한 대형 자동차 공장의 도장실에 큰 문제가 발생했다는 기사가 난 적이 있었다. 근로자들이 금속 미립자가 함유된 헤어 스프레이를 사용했기 때문에 자동차의 도장 표면에 문제가 생긴 것이다.

이 때 달려온 사람이 자동차 도장 설비의 세계 시장 주도자인 뒤르 사의 라인하르트 슈미트였다. 자동차 회사 근로자들은 어리둥절했다. 왜냐 하면 그 도장 설비는 뒤르 사의 경쟁 회사의 것이었기 때문이다.

"이 자동차 공장에서 사용하는 도장 설비는 이 문제를 다룰 줄 모르는 회사 것이기에 제가 왔습니다. 우리 회사는 해결 방법을 잘 알고 있습니다."

슈미트 사장은 자신 있게 말했다. 자동차 회사의 도장 설비가 뒤르 사로 바뀌었음은 물론이다.

슈투트가르트에 소재한 연간 8억 달러의 매출을 자랑하는 이 회사의 사장은 미국 현지의 특수한 문제를 잘 알고 있었을 뿐만 아니라, 현지로 직접 달려가서 이 문제에 직접 부딪쳐 고객을 확보한 것이다.

뷔르트 사는 1950년대 중반 두 사람이 창업한 기업으로 조립용 나사와 연결 고정용 자재를 만드는 세계 최대의 공급 회사이다. 이 회사의 가장 강력한 경쟁자는 뷔르트 생산량의 겨우 20%만 공급하고 있을 뿐이다.

현재 50여 개국에 자회사를 거느리고 있는 이 회사는 끊임없이 성장하고 있으며, 세계 시장의 지배력을 확대하고 있다. 뷔르트 사는 모든 간부에게 적어도 한 달에 한 번씩 고객을 방문하도록 지침을 내려놓고 있다. 이 회사의 회장인 뷔르트는 책임자가 된 지 40여 년간 이 원칙을 고수하고 있다.

언젠가 네덜란드에서 누구의 책임인지 분명하지 않은 문제가 발생했을 때, 그는 영업 사원들과 함께 꼬박 일주일 동안 현지에서 고객과 대화를 나누면서 보낸 적이 있었다. 그는 가동 상황을 직접 점검하기 위해 이스탄불의 자동차 수리 공장에서 온종일 머물기도 했다.

뷔르트는 전세계 어디에서든지 고객의 문제를 결코 소홀히 다루지 않는다.

그는 독일 킨젤자우에 있는 그의 사무실에 안주하여 전략을 개발하지 않는다. 뿐만 아니라 새로운 시장에 진출하기 전에 그는 꼭 현장 체험을 한다.

브리타 정수기의 사장 한 캄머도 마찬가지이다. 그는, 오늘은 중국 상하이에, 내일은 일본 도쿄에 하는 식으로 동에 번쩍 서에 번쩍한다.

사진 복사기와 휠체어에 사용되는 톱니바퀴 장치의 세계 시장 리더인 렌첸 사의 기술 교육부장 지커가 싱가포르에 있는 고객을 방문했을 때의 일이다.

그는 현지 기술자들이 회사에서 판매한 기계를 수리할 수 없다는 사실을 알자 그 즉시 위통을 벗어던지고 기계에 달려들었다. 2시간 만에 그는 문제를 해결했다. 싱가포르의 고객이 깊은 감명을 받았음은 더 말할 필요도 없으리라.

52
혁신은 지속적으로 개량해 나가는 과정이다

세계의 모든 기업들은 혁신의 필요성과 추진 의지를 그들의 기업 목표와 홍보 책자에서 강조하고 있다. 그러나 이것은 전세계 모든 기업들이 공통으로 지닌 관심사일 뿐이다.

혁신은 항상 반복되는 주제이지만 대부분 헛된 구호로 끝나 버린다. 하지만 독일의 일류 기업은 혁신을 제품의 향상에만 국한해서는 안 된다고 믿고 있기 때문에 기업 내부와 외부의 경영 과정의 혁신에 최대한 노력을 기울이고 있다.

특히 고객의 관심사와 문제점을 깊게, 그리고 폭넓게 이해하는 것이 바로 이러한 사고 방식의 기초가 된다.

문과 창문의 손잡이로 유럽 시장을 석권하고 있는 홉페 사는 조립 공정을 획기적으로 단순화하는 시스템을 개발했다. 이것은 가히 혁명적인 목제 문을 만들 수 있는 잠재성을 지녔다.

경제 전문지는 이를 '세기의 발명'이라고까지 극찬했다. 한 고객이 이 회사의 사장 볼프 홉페가 새 제품을 보여주었을 때,

"내가 볼 때는 아주 단순하게 보이는데, 왜 좀더 일찍 이런 생각을 못 했지요?"

라고 물었다. 그러자 옆에 있던 볼프의 아버지, 곧 창업주인 프리드리히 홉페가 웃으면서 대신 대답하는 것이었다.

"나는 이미 30여 년 전에 이런 아이디어를 가지고 있었다오. 그러나 시간이 많이 걸렸지요. 여기에 들어가는 부품을 단순하게 만드는 데는 많은 지식이 필요했기 때문이죠. 이 제품은 단순해 보이지만 현재 34개의 특허를 받았고, 또 몇 개를 출원 중이라오."

이것은 홉페가 문의 잠금 장치 기능을 고객보다 더 철저하게 분석했기 때문에 가능했던 일이다.

독일의 많은 중소 기업들은 혁신을 어쩌다 우연히 생기는 돌파구로 생각하지 않는다. 오히려 혁신을 지속적으로 무엇인가 개량해 나가는 과정이라고 보고 있다.

사실 기업이란 어떻게 해서든지 제품의 생산 공정을 개량해 나가는 매일매일의 일과가 관건이다. 이렇게 함으로써 앞서간 선배를 능가할 수 있는 것이다.

이러한 혁신은 특히 기계 제작과 설비 분야에서 두드러지게 나타난다. 왜냐 하면 이들에게는 제품보다 오히려 문제 해결의 노하우가 바로 상품이기 때문이다. 특정 고객의 필요를 겨냥한 이 새로운 시스템은 혁신을 계속 추진할 수 있는 분위기를 조성한다.

제지 설비의 세계 일인자 베베 지스텍 사의 사장 볼프강 부르거

는 이렇게 주장한다.

"우리 고객들은 문제가 생기면 해결해 달라고 요구해 온다. 그러면 우리 기술자들은 최선의 해결 방법을 찾기 위해 열심히 일에 몰두하여 과거의 실수를 반복하지 않고 새로운 기술을 개발해 낸다. 결국 두 시스템은 서로 다르지만, 각각 혁신적인 특징을 지니게 된다."

철사망으로 세계 시장을 휩쓸고 있는 GKD사의 회장 볼프강 쿠페라트도 비슷한 상황에 직면한 적이 있다고 술회한다.

"우리의 주고객은 도르트문트의 맥주 양조업자들이다. 하지만 내일은 시애틀의 양조장 기술자들로 바뀔지도 모른다. 우리의 주임무는 45도의 각도로 막 위로 떨어지는 액체 방울을 분해할 수 있는 철사망을 만들어내는 것이었다. 그래서 우리는 이 문제를 완벽하게 해결했다."

표면을 매끈하게 하는 초정밀 기계로 세계 시장을 주도하고 있는 페터 볼터스 사의 사장 콘라드 팔로도 이와 비슷한 요구를 받은 적이 있다고 말한다.

"우리의 기술적 해결책은 주로 고객의 요구로 개발된다. 우리는 일단 고객의 요청을 받으면 설비와 공정의 설계부터 시작한다. 이것은 매번 혁신적인 새로운 노하우를 낳는다."

여기에는 분명히 일반적으로 생각하는 것보다 훨씬 많은 혁신적 자세와 생각이 도사리고 있는 것이다.

53
농촌에 자리잡은 공장

　성공한 독일 기업들의 종업원들이 가지고 있는 책임감의 뿌리는 과연 무엇일까? 대부분의 전문가들은 확실한 전문화, 최종 결과에 대한 철저한 인식, 잘 짜여진 팀워크 같은 분명한 요인들 외에 기업의 소재지도 중요한 역할을 한다고 진단하고 있다.

　사실 베를린·뮌헨·프랑크푸르트·뒤셀도르프와 같은 대도시에 본사를 두고 있는 성공한 중소 기업은 별로 없다. 오직 함부르크에만 꽤 많은 기업들이 본사를 두고 있는데, 이것은 항구라는 특수한 위치 때문일 것이다.

　대다수의 중소 기업들은 소도시나 농촌에 자리잡고 있다. 이를테면 용접 기계의 선두 주자 클로스는 하르제빈켈, 콘크리트용 펌프의 일인자 푸츠마이스터는 아이크달, 우유 병 소독기의 세계 시장 주도자 다비드 바더는 칸델, 유명한 방향제 회사 드라고코는 홀즈민덴, 가전 제품용 송풍기의 세계 1위인 붐은 물펑겐에 공장을 두고 있는 것이 그 좋은 예이다.

그리고 일본 기업들도 새로 공장을 세울 때 대도시보다 농촌 지역을 선호하고 있다.

기업이 농촌 지역에 자리잡고 있는 것에는 몇 가지 중요한 의미가 있다.

첫째, 그 기업이 그 곳의 유일한 회사이기 때문에 대도시와는 달리 종업원들은 다른 대안이 없다는 점이다. 다른 한편 그런 소도시에는 자격 있는 인력이 한정되어 있으므로 기업은 종업원들의 참여에 의존하는 수밖에 없다.

하여튼 좋든 싫든 간에 이러한 환경은 상호 의존 관계를 깊게 한다. 고용주는 근로자들이 필요하고, 근로자들은 직장이 필요한 것이다.

둘째, 많은 경우 경영주와 종업원들이 같은 농촌에서 태어나 성장했다는 사실이 대도시에 있는 기업들이 흉내낼 수 없는 마음에서 우러나는 친밀한 관계를 만들어낸다. 소도시에는 몇 대에 걸쳐 그 회사를 위해 일해 온 가족이 무수히 있다.

또한 경영주들이 그 지방의 스포츠 클럽, 특히 축구팀을 후원하는 것은 거의 관례이다. 물론 이것은 그 소도시에서 회사의 인기를 높여 준다.

주민들로서도 세계 일류 기업이 이런 소도시에 있다는 것은 큰 자랑거리가 된다. 이런 요인이 종업원들을 끈끈한 정으로 묶고, 또한 경영주와도 사이가 좋아진다.

셋째, 농촌에 있으면서 얻는 또 하나의 효과는 종업원들의 주의를 산만하게 만드는 유흥 시설이 없다는 것이다. 농촌에 대규모 위락 시설을 건설하려는 사람은 미친 놈으로 취급당하기 딱 알맞으니까.

세계 30대 전자 회사에 기계 설비를 공급하는 초일류 기업 그로만 사의 사장 클라우스 그로만은 농촌에 회사가 있는 이점에 대해 이런 글을 발표한 바 있다.

'나는 대도시 뒤셀도르프 출신이라 처음에 회사도 거기에 있었다. 그 당시 우리는 철강 산업의 고객들과 세계적인 엔지니어링 사업을 하고 있었다. 하지만 현재 우리 회사가 하고 있는 전자 산업용 설비 제작은 뒤셀도르프에서는 할 수가 없었다. 왜냐 하면 그 곳은 우리의 우수한 기능공들을 유혹하는 너무나 많은 유흥 시설이 있었기 때문이다.

우리는 조용한 환경에서만 가능한 정신 집중이 필요했다. 나는 종업원들과 회사 사이에 영구적인 유대 관계를 조성하고 싶었기 때문에 회사를 벨기에 국경 근처의 아이펠 지방에 있는 소도시 푸룀으로 이전하기로 결정했다.

이것은 순조롭게 추진되었다. 우리 회사의 이직률은 1%도 안 되며, 종업원들의 평균 나이는 30세이다. 그리고 교통 체증 때문에 시간을 낭비하지도 않는다. 우리는 들판이 있고, 숲이 우거진 곳에서 살고 있다. 집에 가면 편안히 휴식을 취할 수 있다.

또한 이 곳은 땅값이 싸기 때문에 종업원 대부분은 자기 집을 소유하고 있다.

 다만 부족한 인력을 대도시에서 충원하는 데 문제가 있지만 그것도 그렇게 심각한 것은 아니다. 왜냐 하면 대도시 출신자들도 금방 이 곳에 동화되어 버리니까!'

54
중단 없는 기술 개발만이 살아남는다

조리 기구로 세계 시장에 우뚝 서 있는 휘슬러 사는 매출액('94년)이 2억 4,300만 마르크(1,350억 원), 종업원이 1천 명이 채 못 되는 전형적인 중소 기업이다. 이 회사는 압력솥이 주제품이며, 냄비·프라이팬·주전자 등도 생산하고 있다.

1845년에 창립된 휘슬러 사는 혁신적인 기술 선도자로서 기업의 발자취에 그대로 투영되어 있다. 1855년에는 제조 공정에 최초로 증기 엔진을 도입하여 산업적 금속 가공의 기초를 닦았다.

1890년에는 자동 병 충전 기계에 대한 특허를 얻어 맥주 생산에 큰 도움을 주었으며, 1892년에는 야외용 취사 장비를 발명하여 단체용 취사 장비의 산업화에 길을 열었다.

1900년에는 주방 기기 생산업체로는 최초로 경금속인 알루미늄을 주방 기기의 재료로 사용했으며, 1909년에는 알루미늄 용접 기술을 독자적으로 개발하였다. 1936년에는 주방 용기 부문의 올림픽 공식

상품권자로 지정받았으며, 1950년에는 손잡이가 뜨거워지지 않도록 플라스틱 부속을 이용한 최초의 요리 기구를 발명했다.

1951년에는 팬용 브브그릴 바닥이 도입되었으며, 1956년에는 눌어붙지 않는 PTFE 코팅팬을 개발했다. 1958년에는 강철만큼 견고한 최초의 경금속 요리 기구를 선보였으며, 1968년에는 PTFE 요리 기구에 보잉 사의 특허 공정을 최초로 적용했다.

1969년에는 압력 냄비를 최초로 발매했으며, 1975년부터는 유니마티크 상표의 압력 요리 기구를 발매하기 시작했다.

최근에는 '프로텍탈'이라는 혁신적인 신기술을 선보였다. 이것은 기존의 테프론 코팅을 대체할 수 있는 것으로 조리 중인 음식이 프라이팬에 눌어붙는 것을 막을 수 있는 장점과 함께 코팅 막이 금속막에 깎이는 테프론 코팅의 단점을 보완한 새로운 차원의 기술로 평가받고 있다.

휘슬러 사의 높은 품질은 좋은 원자재가 밑바탕이 되고 있다. 원자재는 크롬과 니켈이 각각 18%와 10%가 함유된 스테인리스코일을 사용한다.

특히 니켈 함유량이 통상적인 제품의 8%보다 높은 10%로 부식 방지에 뛰어난 특징을 보이고 있다.

이 회사는 조리 기구 업계로서는 처음으로 프레스를 사용한 업체로도 유명하다. 프레스 공정은 재료 손실이 최소화될 수 있도록 컴퓨터로 관리되어 있어 원가 절감에도 효과가 크다.

원반을 냄비 모양으로 찍어내는 공정도 휘슬러 사의 특허 공정이다. 이 공정은, 다른 업체에서는 보통 두 개의 금형을 아랫면과 윗

면에 사용하지만, 휘슬러 사는 물을 금형 대신 사용하는 이른바 FIMAC 공정에 의해 제품을 생산하고 있다.

이는 제품의 표면을 매끈하게 할 뿐만 아니라 자유 자재로 모양을 찍어낼 수 있어 뚜껑을 덮은 채 달걀이나 감자를 삶은 물을 쏟아낼 수 있는 타원형 냄비 등의 생산이 가능해졌다.

알루미늄을 냄비의 바닥에 넣어 스테인리스 사이에 압착하는 공정도 특허를 낸 것이다. 이는 냄비의 바닥면이 고르게 열을 받을 수 있도록 고안되었다. 근래에 새로 내놓은 쿡스타도 바닥 특허 제품이다.

휘슬러 사는 기계도 캐드 캠을 이용하여 독자적으로 개발하고 제작한다. 기술 개발 요원 80여 명 중 50명이 기계 제작에 투입되고 있다.

이 회사에서는 흔히 볼 수 있는 기계도 자신들에 맞게 개량하여 사용하는 경우도 많다. 자동화된 생산 시스템을 갖추더라도 다양한 기계를 투입함으로써 한 제품을 대량 생산하기보다는 소량으로 다품종 생산을 추구하고 있어 생산하는 품목이 500여 가지에 이른다.

오늘도 휘슬러 사는 새로운 기술 개발에 땀을 쏟고 있다. 그것만이 기업이 살아남을 수 있다는 것을 그들은 너무도 잘 알고 있기 때문이다.

55
융통성을 발휘하라

클린 컨셉트라는 중소 기업이 있다. 이 회사는,

'공중 화장실에서 위생은 아주 중요한 문제이다. 많은 사람들이 교통 사고보다 병원의 위생 시설에서 얻은 감염 때문에 사망한다.' 라는 인식에 근거하여 '클리노마트'라는 완전히 새로운 화장실 설비를 개발했다. 그러나 이 회사는 이러한 설비의 개발만으로 충분하지 않다는 것을 깨달았다.

클린 컨셉트의 홍보 책임자 안네트 크루즈는 다음과 같이 말한다.

"클리노마트는 우수한 설비이지만 새로운 위생 기준에는 충분하지 못했다. 우리는 생활의 질이라는 문제 의식을 가지고 완전히 새로운 해법을 찾아냈다. 즉, 공중 화장실 이용자들이 아무것도 손대지 않고 이용할 수 있는 설비를 개발한 것이다."

클린 컨셉트 사는 이 개념을 장애자용 편의 시설에까지 확대하여 적합한 설비를 개발해 1993년 사회 복지 박람회에 출품해서 호평을 받았다. 하지만 설비만으로 충분하지 않다는 사실을 깨달은 이 회사는 액체 비누·세제·화장지 등의 일회용 소모품과 서비스를 공급하기 시작했다. 그리고 이 공급 업무를 담당할 클린 아우트라는 자회사도 설립했다.

클린 컨셉트 사는 이제 이 새로운 설비로 빌딩 내의 모든 화장실을 컴퓨터에 의한 원격 조정으로 관리할 수 있게 되었다.

이 포괄적 방법은 지난 5년 사이에 개발되었다. 그 사이에 이 회사는 유명 고객들을 다수 확보했다. 모나코의 몬테카를로 카지노장과 왕궁 및 국제 영화제로 유명한 남프랑스의 칸에 있는 대형 호텔, 암스테르담의 시폴 공항에 있는 KLM 항공사의 빌딩 등등.

클린 컨셉트는 누구나 비위생적인 화장실을 혐오하기 때문에 이 아이디어는 21세기를 앞두고 새로운 위생 문화의 시작을 예고하는 것이라고 확신에 차 있다. 그러나 이 시장이 형성되려면 문화적인 의식 변화가 선행되어야 하기 때문에 시간이 필요하다.

하지만 분명한 의도를 가진 클린 컨셉트는 새로운 환경에 적응할 수 있을 만큼 충분히 야심적이고, 또 융통성을 가지고 있다.

인테르파세 사의 사장 라이너 비조프는 개인용 컴퓨터에 관계하는 많은 기업가 중의 한 사람이지만, 그만이 가지고 있는 특수 제품이 있다. 그는 대학에서 정보학을 공부하고 나서 3년간 IBM의 독일 지사에 근무한 적이 있었다.

그러다가 1983년에 분산 처리 응용법을 가지고 자신의 회사를 설립했다. 그리고 1989년 경쟁자들이 시장을 죄어오는 압박이 점점 거세지자 그는 자사 제품을 차별화하기 시작했다.

그는 프랑크푸르트 대학과의 공동 프로젝트를 진행하던 중에 컴퓨터 보안의 중요성이 점점 증대하지만 값이 너무 비싸다는 사실을 알았다.

비조프 사장은 이렇게 술회하고 있다.

"그 당시 사람들은 PC 한 대당 133달러 정도로 보안 문제를 해결할 수 있는 소프트웨어를 찾고 있었다. 하지만 그 가격으로 공급할 수 있는 사람은 아무도 없었다. 이 때 나는 문득 대체 가능한 하드웨어로 PC의 보안 문제를 해결할 수 있을 것이라는 영감이 떠올랐다. 그것은 플로피 디스크의 구동 장치를 잠가 놓는 아주 간단한 방식이었다."

처음에 그는 1천 개의 잠금 장치를 만들었으나, 이 정도로는 중소 기업인 회사에는 커다란 자금상의 부담이 따랐다. 하지만 그는 이 어려움을 극복하고 현재 플로피 록스라는 상표로 연간 4만 개의 제품을 팔고 있다.

56
세계화의 위험성

기업의 세계화 과정은 그 자체로써 상당한 위험을 안고 있다. 많은 나라에서 사업을 벌이고, 많은 자회사를 거느리는 것은 회사의 경영을 복잡하게 만드는 요인이 된다. 왜냐 하면 새로운 해외 시장에 대한 정확한 판단이 어려워지기 때문이다.

특히 문화적으로 생소한 신흥 국가의 시장은 객관적으로 볼 때 더 많은 위험을 안고 있다.

라벨 부착기로 세계 시장을 석권하고 있는 크로네스는 1994년에 심각한 경영 위기를 겪었다. 크로네스의 해외 자회사는 그 때 19개였다.

1993년 크로네스는 아르헨티나의 펩시콜라 자회사 바에 사로부터 1억 1,300만 달러라는 유례없는 최대 주문을 받았다. 이것은 콜라를 병에 담는 시설을 20대 제작하는 것이었다.

이 주문을 소화하기로 한 크로네스의 브라질 자회사 크로네스 사는 그 당시 브라질 고객이 주문한 42대의 라벨 부착기를 제작 중이었다. 따라서 바에서의 주문량 중 상당 부분을 비용이 훨씬 비싼 독일 공장으로 돌리지 않을 수 없었다.

유럽판 〈월 스트리트 저널〉지에 의하면 이 실수로 크로네스는 수익 중 1,340~2,000만 달러의 손실을 감수해야 했다고 한다. 이 신문은 이것이 크로네스가 체험한 유일한 국제 문제가 아니라면서 그 밖의 몇 가지 사례를 들고 있다.

• 알제리에서 크로네스는 정치 상황이 너무 불안해 다국적 기업이 주문한 시설의 설치를 위해 기술자를 파견할 수 없다고 결정했다. 그러나 주요 고객과의 영업 관계를 손상시키지 않기 위해 거액의 위약금을 물기로 했다.

• 예멘에서 크로네스가 시설 설치를 막 시작했을 때 내전이 일어났다. 따라서 이 사업은 자동적으로 폐기되었다.

• 폴란드에서 몇 년간 할부금 상환에 신용을 잘 지켰던 고객이 갑자기 10월분 할부금부터 내지 못하게 되었다. 크로네스는 미수금을 결손 처리하지 않을 수 없었다.

• 구소련의 한 공화국과 맺은 물물교환 계약은 고객이 의무 이행을 파기함으로써 실패로 끝났다.

• 크로네스는 브라질에서 자회사 운영을 적절히 하지 못한 점을 시인했다. 1994년 초에 그룹 본사에 대한 자금 결제 체제를 개선하기 위해 자금 담당 책임자를 새로 임명했다. 하지만 3개월 만에 그는 해고되었을 뿐만 아니라, 본사에 대한 자금 결제의 개선 계획도

끝나 버렸다.

모범적인 경영으로 명성을 떨쳤던 크로네스의 예는 성급한 세계화가 얼마나 복잡하고, 그것을 관리하는 것이 또 얼마나 어려운가를 여실히 보여주고 있다. 급속한 주체적 확장, 경영상의 애로, 그리고 불행한 우연의 일치가 서로 결합되면 매우 심각한 위험이 발생할 수 있다.

물론 대기업도 예외는 아니다. 하지만 중소 기업으로서는 이러한 어려움에 적절히 대처하기에는 인원과 자원이 턱없이 부족하다.

그래서 독일의 몇몇 유명 중소 기업체는 국제 경쟁의 위험을 줄이기 위해 두 가지 전략 중 하나를 이용한다.

첫번째, 현지에 강력한 경쟁자가 있는 지역은 피한다. 따라서 이들은 의식적으로 미국 시장에 들어가지 않는다. 미국 기업도 상호주의에 의해 유럽 시장을 공략하지 않는다. 예를 들면 선탠 설비 제작으로 이름 높은 에르골리네 사나 콤바인 제작으로 잘 알려진 클라스 사는, 다른 나라 시장에서는 활발하게 활동하지만, 미국 시장에서는 거의 영업을 하지 않는다.

두 번째 전략은 강력한 경쟁자를 무력화시키고 견제하기 위해 의식적으로 현지 시장을 적극적으로 파고드는 것이다. 외국의 경쟁 기업을 빨리 파악해서 이를 견제하고, 또 이들의 국제 시장 진출을 저지하는 것은 국제 경영에서 경쟁의 위험을 줄이는 훌륭한 전략이 될 수 있다.

세계적인 박람회 청부 기업 우니플란 사의 크리스티안 블뤼테 사장은 이렇게 말하고 있다.

"우리는 우리의 사업 분야에서 최초로 국제화한 기업이다. 홍콩에서 몇 년간 경험을 쌓은 다음에야 우리는 아시아의 다른 시장에 침투하는 데 충분한 힘을 축적했다고 생각했다. 이 지역에서 경험이 없는 우리의 경쟁자는 우리와 경쟁할 만한 기회를 가질 수 없을 것이다."

57
세계화의 시작은 외국어 습득부터

외국어 구사는 진정한 세계화가 자라는 토양이다. 국제 거래에서 외국어는 필수 불가결한 전제 조건이다.

독일의 많은 중소 기업들이 이 점에서 처음부터 유리한 위치에 있지 않았다. 많은 창업주들이 단지 8년간의 의무 교육과 외국어 교육 과정이 없는 3년간의 직업 교육밖에 받지 못했다.

그러나 그들은 대부분 독학으로 배웠든 현장에서 익혔든 영어를 할 줄 알고, 외국의 업무는 주로 이 언어로 수행하고 있다. 또한 많은 경영자들이 업무를 위해 외국어 지식을 습득했다.

해골 등의 해부학 교육 용구로 일본 시장을 공략한 빈홀트 사의 판매 책임자 오토 기스는 유창하게 일본어를 한다. 이 회사의 일본 시장 점유율은 거의 50%에 이른다. 빈홀트의 카탈로그는 15개국어로 되어 있지만, 가장 강력한 경쟁 회사의 카탈로그는 단지 3개국어로 되어 있을 뿐이다.

독일의 어느 기술 회사의 최고 경영자는 이렇게 말하고 있다.

"나는 '60년대의 청년 시절에 몇 년간 일본에서 근무한 적이 있었다. 이 때 나는 집중적으로 일본어를 배웠다. 지금도 나는 일본어 회화의 70~80%는 이해한다. 이것은 일본의 비즈니스 상대자와 상담을 할 때 엄청나게 유리하다."

외국어에 대한 생각은 회사와 나라마다 다르다. 다국적 기업 로열 더치 셸은 현지 언어를 배우도록 직원들에게 강력히 요구하고 있다. 따라서 독일 자회사 도이치 셸에 근무하는 외국인 직원들은 모두 독일어를 배웠다.

그러나 대부분의 미국계 다국적 기업들은 그렇지가 않았다. 그들은 누구나 상담은 영어로 해야 한다고 생각한다. 독일도 대기업과 중소 기업 사이에도 역시 차이가 있다.

대기업의 직원들은 상담·세미나·회의 등에서 외국어를 쓰기가 쉽지 않다. 하지만 중소 기업들은 국제 상담에서 거의 언제나 영어를 사용하고, 또 상황에 따라 상대국의 언어를 쉽게 구사한다.

하여튼 외국어가 별 도움이 안 되는 환경에서 활동하는 회사라도 성공적인 세계화를 위해서는 외국어를 필수적으로 익혀야 할 것이다. 구체적인 한 예가 이 문제를 잘 설명해 주고 있다.

여러 나라에서 비디오 필름을 수입해 판매하는 독일의 조그만 회사 링그와 비디오 미디어 사의 체칠리아 지몬은 영업 담당 여성 부장이다. 그런데 이 회사로부터 필름을 구매하는 스페인의 한 도매상은 전화로 주문을 받을 수 있는 정도의 영어나 다른 외국어를 능숙하게 구사하는 직원을 한 사람도 고용하지 않았다.

이것은 참으로 곤혹스러운 장애였다. 그래서 그녀는 스페인 도매상의 구매를 손쉽게 하기 위해 네 번째 외국어로 스페인 어를 배우기 시작했다. 지금 그녀는 그 도매상과 아무 문제 없이 상담에 응하고 있다.

이처럼 회사가 국제 거래를 중요하게 생각한다면 이 언어의 장벽을 극복하지 않으면 안 된다.

다음은 어느 한국인 신문 기자의 탐방 기사 중의 한 구절이다.

'쌍둥이칼로 유명한 독일의 중소 기업 헨켈 사가 마케팅에 얼마나 큰 관심을 가지고 있으며 주도 면밀하게 노력하는지를 기자가 직접 피부로 느낄 수 있었던 사례를 하나 소개할까 한다. 공장을 방문했을 때 공장 입구 3개의 깃봉에는 독일기와 헨켈 사의 사기, 그리고 우리 나라의 태극기가 나란히 걸려 있었다. 자그마한 배려이지만 방문자에게 어떤 감동을 주기에 모자람이 없었다. 고객을 염두에 둔 섬세한 전략을 엿보게 하는 대목이라는 생각이 들었다…….'

국제화에서 '상징물'을 적절히 이용하는 것이 현명한 방법이 될 수 있다. 사람들은 다른 나라를 방문할 때 종종 불안감을 느끼는데, 이럴 때 그들에게 사소한 상징적 행위를 보이면 상대는 편안함을 느낄 수 있다.

땅을 파지 않고도 두더쥐처럼 땅 속에 수평으로 굴을 팔 수 있는 기계를 만드는 선도 기업 트락토 테크닉 사도 방문객이 오면 그 나라 국기를 게양함으로써 환영한다. 많은 회사들이 이런 방식을 따르고 있고, 이와 비슷한 상징적 행동을 취한다.

해부학 교육용품을 만드는 빈홀트 사는 일본 고객에게는 일본적인 토르소를 만들어 주고, 아프리카 고객에게는 아프리카적 토르소를 제공한다. 이것이 고객과의 관계를 더욱 튼튼히 하고 있음은 재론의 여지가 없을 것이다.

58
떠오르는 새 시장, 환경 사업

독일은 환경 분야에서 세계 제일의 기술을 자랑한다. 환경 관련 업체도 헤아릴 수 없을 만치 많다.

1995년 세계 환경 산업 시장의 규모는 7,060억 마르크인데, 오는 2,000년에는 1조 마르크로 늘어날 전망이다. 그만큼 환경 관련 산업은 성장 잠재력이 무궁 무진하다.

현재 독일이 세계 환경 시장에서 차지하는 시장 점유율은 20%로, 미국의 18%, 일본의 13%보다 앞서고 있다. 독일은 현재 포장제에서 종이 90%, 유리 82%, 플라스틱 60%, 알루미늄 70%를 회수하고 있는데, 궁극적으로 모든 포장제를 회수하는 것이 목표이다.

포장재는 제조업체가 회수해 가도록 법으로 규정되어 있다. 따라서 상품의 생산 원가가 높아져 외국 수출업체의 불만이 크지만 독일은 이 규정을 한층 더 강화할 계획이다.

하여튼 독일에서는 자원 재활용과 환경 보호 부문은 이제 고도의 혁신적인 개발이 이루어지는 분야가 되었다. 이 분야에서 대표적인 기업인 에델호프 사는 쓰레기 수거를 노동 집약적 사업에서 자본 집약적 사업으로 바꾸었다.

이 회사가 새로 개발한 것은 다목적 수송 시스템을 한 사람이 조작하는 첨단 기술의 쓰레기차이다. 이전의 쓰레기차라면 4~5명이 처리했을 양의 쓰레기가 이제 한 사람의 몫이 된 것이다.

암스테르담에서 시운전한 결과 이 쓰레기차는 다른 시스템을 모두 압도했다. 세계 최대의 미국 쓰레기 처리 회사 웨이스트 매니지먼트 사는 이 쓰레기차를 즉석에서 200대나 주문했다.

환경 보호에 대한 높은 관심은 산업계에 혁신을 불러왔고, 많은 기업들이 이 분야에 적극적으로 진출하고 있다.

동력 사슬톱으로 유명한 스틸 사는 새로운 시스템을 혁신적으로 연속 개발하고 있다. 가장 최근에 개발한 것은 디지털 방식의 점화 장치로, 이것은 시동을 확실하게 하고 연료를 절약하고 방전을 낮추는 장치이다. 연료의 유출과 증발을 방지하는 보충 장치, 촉매 컨버터, 윤활유 소모를 50%까지 줄일 수 있는 장치, 안전성을 증가시킨 체인의 제동 장치 등이 이 회사가 개발한 주요 환경 보호 시스템들이다.

스틸 사의 능력이 약간 과장된 것이 아닌가 하는 의문을 가질 수 있지만 회사의 대변인은 단호하게 이를 부정한다.

"우리는 지난 몇 년간 세계의 어느 경쟁자보다 많은 특허를 얻었기 때문에 기술 주도자로서 기득권을 지킬 수 있다."

환경 기업의 선두 주자로 SAT와 비르트겐을 빼놓을 수 없다. 세계 어디서나 도로가 파손되면 재포장을 해야 한다. 동시에 많은 나라에서 자원 재활용과 환경 보호가 더욱 중요한 관심사가 되고 있다. 이 두 회사는 이러한 추세에 맞추어 그 가능성을 십분 활용하고 있다.

비르트켄 사는 아스팔트와 콘크리트를 파내는 냉각 굴착기와 아스팔트 재활용 설비를 생산하고 있다. SAT사는 도로에서 파낸 폐자원을 건설 현장에서 재활용한다.

이들이 개발한 도로 폐기물 냉각 재활용이라는 최신 기술은, 파낸 도로의 폐자원을 연속 과정을 통해 잘게 부수어, 열을 가하지 않고도 건설 현장에서 재활용할 수 있는 기술이다. 이것은 폐기물을 재자원화하는 획기적인 기술이다.

이 도로 폐자원의 냉각 재활용 기술은 이미 전세계에서 널리 사용되고 있다. 두 회사가 돈방석에 앉은 것은 말할 나위도 없다.

59
결점과 취약점을 공략하라

혁신적인 아이디어는 기업이 고객들의 모습을 눈여겨보는 과정에서 생기는 경우가 허다하다.

조립용 나사와 연결 고정용 자재를 만드는 세계 최대 공급자인 뷔르트 사의 사장 뷔르트는 건설 현장을 방문하는 동안 우연히 아이디어를 얻은 적이 있다. 그는 한 근로자가 공구와 그 공구에 맞는 나사의 크기 번호를 읽는 것이 너무 어렵다고 불평하는 소리를 우연히 들었다.

번호가 금속으로 각인되어 있어 쉽게 읽을 수가 없었던 것이다. 뷔르트는 회사로 돌아오는 즉시 공구와 나사의 색깔을 맞춰보면 금방 알 수 있도록 숫자를 색깔이 있는 동그라미로 바꾸었다.

이 상표 보호 시스템은 엄청난 성공을 몰고 왔다. 현장 근로자들이 뷔르트의 제품만을 찾으니 가만히 앉아 있어도 주문이 쇄도했던 것이다.

또 한 번은 현장 방문 때 근로자들이 근육과 힘줄의 특정 부위가 아프다는 호소를 들었다. 그 당시까지만 해도 펜치나 드라이버 같은 표준 공구가 인체 공학적으로 적합한가를 생각해 본 사람은 아무도 없었다.

뷔르트는 공구 중 어떤 것은 100년이 넘도록 모양이 바뀌지 않았다는 기막힌 사실을 발견했다. 이것은 공구를 다루는 데 능률을 극대화할 수 없다는 것을 뜻한다.

뷔르트는 그 즉시 슈투트가르트 대학과 공동으로 연구 프로젝트를 시작해 전체 공구의 디자인을 새롭게 만들었다. 이것도 보기 드문 대히트였다. 공구 중 어떤 것은 심각한 근육통을 30%까지 줄일 수 있었다.

고객과의 공동 개발은 오랫동안 많은 기업들 사이에 유행하는 방식이다. 쇼토 사는 '세란'이라 불리는 세라믹스로 만든 유리 접시로 세계 시장을 주름잡고 있다.

이 접시의 가격은 전통 요리 접시보다 무척 비싸지만 오늘날 유럽의 가전 제품 메이커는 대부분 이 제품을 부품으로 쓰고 있다. 유럽에서 팔리는 전자 레인지 2대 중 1대에는 세란 접시가 들어 있다.

유럽 시장에 처음 등장하고 난 몇 년 후에 선을 보인 미국 시장에서의 시장 점유율도 급속도로 상승하고 있다. 단 하나의 주요 경쟁자인 프랑스의 유로케라 사는 시장 점유율이 쇼트 사의 4분의 1에 불과하다.

세란의 종류는 무려 2천 가지나 된다. 40명으로 구성된 한 팀은 가전 제품 제조자와 디자이너가 함께 협동 작업을 하며, 소비자의 편의를 위해, 제품을 개선하기에 여념이 없다. 이 회사의 20년 역사는 가치 창조 사슬에 참여한 모든 사람들이 이룩한 중단 없는 혁신의 결과라 할 수 있다.

고객에서 출발해 기업가가 되어 성공한 케이스로 울리시 벤시가 설립한 테드라 사가 있다. 50년대에 젊은 과학도였던 그는 연구실에서 취미삼아 열대어를 기르고 있었다. 그런데 적당한 사료가 없어 열대어에게 먹이를 주는 것이 곤란하다고 느낀 그는 완전히 규격화된 즉석 사료를 개발했다. 벤시는 1955년에 테드라 베르커 사를 설립했고, 현재 이 회사는 열대어 사료와 물고기 관련 상품으로 세계 시장의 50%를 점유하고 있다.

카메라맨이었던 벤델린 자흐틀러는 자기가 쓰고 있던 삼각대의 결점과 취약점을 경험했다. 이 약점을 개선한 아이디어를 가지고 그는 자흐틀러 AG사를 설립했다.

이 회사는 20년도 안 된 기간에 전문적인 카메라 삼각대로 세계 시장을 주도하는 기업으로 성장했다.

스타빌루스의 창업주 칼 슈페터는 30년대 초 미국 자동차의 수입상이었다. 그 당시 독일의 도로는 자동차가 달리기에는 적합하지 않았다. 굽은 곳이 많고, 또한 도로가 울퉁불퉁해서 자동차 여행이란 그야말로 고역이었다.

슈페터는 수력을 이용해 자동으로 조절되는 완충 장치를 개발했다. 그가 세운 스타빌루스 사의 이 완충 장치를 장착한 모든 자동차들은 승차감이 눈에 띄게 좋아졌다.

오늘날 이 회사는 진동을 완충시키는 가스 압축 방식 스프링으로 세계 시장을 독점하는 기업이 되었다. 이 제품은 진동을 억제하기 위한 여러 가지 용도, 예를 들면 세탁기·사무실용 의자·비행기 좌석 등에 쓰이고 있다.

60
자체 생산만이 믿을 수 있다

꽃 재배용 배양토로 세계 시장을 주도하고 있는 그륀란트 사는 시장에서 구입할 수 있는 배양토의 포장 용기에 만족하지 않고 이를 자체 생산하고 있다. 이 회사의 창업주 헬무트 아우렌츠는 단호하게 말한다.

"오직 자체 생산한 것만 완전히 믿을 수 있다."

어느 건설 장비 제조업체의 경영자는 다음과 같이 말한다.

"우리는 가능하면 회사 내에 일을 붙들어 둔다. 어떤 부품이 시중에서 가격이 얼마한다는 사실을 알았을 때 나는 종업원들에게 이와 똑같은 가격이나, 아니면 더 싸게 제작하라고 요구한다. 그러면 그들은 보통 그것을 해 낸다. 따라서 나는 그 품질을 자신할 수 있다. 사실 우리는 외부에 하청을 주는 것을 좋아하지 않는다."

일류 기업은 뛰어난 경재의 우세로써 제품의 품질이 갖는 결정적인 중요성 때문에 중요한 부품의 외주를 허용하지 않는다. 경쟁의 우세와 핵심 능력을 지키기 위해 이들은 비용에서 불리할 수 있는 데도 자체 제작을 고집하고 있는 것이다.

옵셋 인쇄기로 너무나 잘 알려진 하이델베르크 사가 그 전형적인 예라 할 수 있다. 이 회사는 지금까지 주물 공장을 자체 가동하고 있다. 그 이유는, 이 회사 경영진이 제품에서 요구되는 최고의 품질과 정밀도는 제작 과정을 세심하게 관리하지 않으면 이루어낼 수 없다고 확신하고 있기 때문이다.

그러므로 이 회사는 아마 하청을 주어서 얻을 수 있는 비용의 절감을 아예 포기했을지도 모른다. 하지만 이들은 이렇게 하는 것만이 높은 품질을 보장하고, 또한 하청에서 얻어지는 비용보다 더 중요하다고 굳게 믿고 있는 것이다.

비슷한 사고 방식을 밀레 사에서도 볼 수 있다. 고가의 식기 세척기를 제작하는 이 회사의 기업 정신도 '최고의 품질 유지'이다. 〈프랑크푸르트 알게마이네 자이퉁〉지는 다음과 같이 보도한 바 있다.

'밀레 사는 될 수 있는 한 많은 부품을 토착 근로자들이 자리잡고 있는 한정된 지역에서 제작하고 있다. 이것은 가까운 시일 내에 바뀔 것 같지 않다.'

또한 이 신문은 미국 질레트 사의 자회사인 브라운 사에 대해 이렇게 보도했다.

'브라운 사는 제작에 필요한 특수 기계와 면도기용 작은 나사에까지 거의 모든 부품을 자체 제작한다. 이 회사는 자기들의 제품 품질의 필요 조건은 아주 우수하지만, 그렇다고 이러한 품질은 시

장에서 합리적인 가격으로 구입할 수 있는 것이 아니라고 주장하고 있다.'

대기업 벤츠도 주요 부품에 대해 비슷한 입장을 가지고 있다. 대형 트럭의 선두 주자로서, 이 회사의 트럭부에서는 차축·실린더·크랭크축을 제작하는 자체 주물 공장을 운영하고 있는 독일의 유일한 자동차 회사이다.

최근에 외부 발주를 하고 있던 기업들은 그들의 입장을 재고하기 시작했다.

공랭식 디젤 엔진으로 세계 시장 점유율 80%를 자랑하고 있는 DMI사의 최고 경영자는 1995년 말 그의 생각의 일단을 다음과 같이 피력하고 있다.

"'80년대 후반에 우리 회사는 부품의 대부분을 하청 주려고 했다. 나는 이것이 큰 잘못이라고 느끼고 있다. 그래서 나는 우리가 그 일을 다시 하려고 한다. 왜냐 하면 하청은 우리의 제조 과정, 특히 연구 개발을 복잡하게 만든다. 또한 품질에서 심각한 문제를 경험한 적이 있었다. 그래서 우리는 외부에 하청을 주던 사고 방식을 바꾸었다. 만약 우리가 시중의 다른 업체와 같은 가격으로 피스톤과 크랭크축의 품질을 더욱 좋게 할 수 없다면 어떻게 우리가 우수하다고 말할 수 있겠는가?"

깊은 주의를 기울이지 않았던 외부 하청과 관계된 문제는 주로 고객들로부터 나온다. 전기 공업 분야에서 성공한 한 기업의 사장은 이렇게 말하고 있다.

"우리 고객들은 모든 경쟁자들이 똑같은 부품 공급자의 동일 부품을 사용하고 있다는 사실을 잘 알고 있었다. 그렇기 때문에 그들은 다른 업자의 제품과 다른 게 하나도 없는데, 우리 제품에 할증 가격을 지불하는 것을 의아하게 여기게 되었다. 결국 조립 과정과 디자인만 차이가 나는 것이다. 따라서 우리는 하청업자의 부품이 아닌, 우리 자체의 부품만이 누릴 수 있는 핵심 부품의 소유권이 꼭 필요했다. 이것이 우리가 부품을 자체 제작하는 가장 중요한 이유라고 할 수 있다.”

61
특허 무용론자들

성공한 중소 기업들의 혁신적 창조성이 전적으로 특허 출원 숫자로 나타나는 것은 아니다. 이들 중 많은 기업들, 특히 비교적 소규모의 기업들은 뛰어나게 혁신적이지만, 특허가 몇 개 안 되거나 하나도 없는 경우도 있다.

이것은 기술 혁신의 능력이 없어서가 아니라, 전략과 비용의 문제이다. 유럽 특허청이 조사한 바로는 연구 개발을 활발히 추진하는 중소 기업의 3분의 2는 특허로 그들의 발명을 보호하려고 하지 않는다고 한다.

그 이유는 특허 출원에 따르는 시간과 비용 때문이다. 따라서 이들은 발명을 비밀 속에 감추고 있다. 그리고 특허로 기술이 보호되는 장치 또한 믿지 않는다.

그들은 심지어 특허 출원을 얼빠진 행위라고까지 혹평한다. 이를 테면 세계 30대 전자 회사에 기계와 설비를 거의 독점하다시피 납품하는 그로만 엔지니어링의 사장은 단호하게 말한다.

"우리는 특허 출원을 하지 않는다. 왜냐 하면 그것을 담당할 직원이 없기 때문이다. 그런 것에 시간을 빼앗길 직원은 우리는 채용할 생각도 없다. 우리가 혁신을 이루는 속도는 특허를 받기 위해 뛰어다니는 시간보다 훨씬 빠르다. 특허는 우리가 그것을 지킬 수 있는 시간적 여유가 없기 때문에 아무짝에도 쓸모가 없다. 하여튼 특허 출원에 걸리는 시간이면 우리는 그 사이에 기술 개발에 엄청난 발전을 이룬다. 우리는 지금 초음속 여객기를 타고 있는데, 특허는 마치 19세기의 마차 시대의 낡은 유물과 같다."

상당히 많은 일류 중소 기업들도 이러한 생각에 공감을 나타내고 있다.

고압 진공 청소기로 세계 시장의 독보적인 존재인 케르터의 연간 매출액은 7억 달러이다. 이 중 78%가 4년이 안 된 제품에서 벌어들이고 있다. 이 회사의 종업원은 4천 명이 채 못 될 뿐만 아니라, 특허라고 해야 겨우 182개뿐이다.

고속 인쇄기의 선구자 EOS의 시장은 1990년까지만 해도 존재하지 않았던 미지의 세계였다. 당연히 EOS는 혁신을 실현시킨 기업이다. 이 회사도 특허는 몇 개 안 된다.

컴퓨터 압축 카드로 유럽 시장을 석권하고 있는 파스트 일렉트로닉도 마찬가지이다. 컴퓨터 분야에서는 빠른 혁신이 필수이다. 이 세계는 하루만 지나면 개량된 새 제품이 출하되기 때문에 특허 출원을 할 여유가 없다.

서비스 분야에서는 특허란 무용지물이다. 여기에 해당되는 적절한 예는 세계적인 스포츠 경기에서 시간을 측정하고 자료를 관리하는 비게·다타 그룹을 들 수 있다.

이 회사는 스포츠 행사를 상품화하는 방법, 이를테면 가장 좋은 위치에 카메라를 선정해 주고, 기자들에게 자료를 배포하는 등에 관한 독점적 노하우를 엄청나게 축적하고 있다. 그러나 이들 노하우 중 어느 것도 특허의 대상은 아니다.

제**4**부
독일의 통일과 후유증

62
TV에 무너진 베를린 장벽

《내쫓긴 혁명》의 저자 슈나이더는 다음과 같이 쓰고 있다.

'1989년 가을, 서독 TV에서 동독의 부패·비리·권력 남용 등이 적나라하게 폭로되면서 당시 동독 지식인들이 모색하고자 했던 이른바 민주화된 사회주의 체제로의 개혁의 길은 이미 신뢰를 잃었다. 그리고 베를린 장벽이 무너지는 날 영원히 물 건너갔다.'

서독의 TV를 통해 장벽 너머의 엄청난 현실이 눈앞에 나타내는 판에 신뢰성의 여부와 관계 없이 '사회주의'라는 용어 자체가 동독인들에게 불신을 받았다는 것이다. 그래서 언론학자들은 1989년 가을의 동독 사태를 TV 역사상 처음 있는 'TV 혁명'이라고 명명하는 데 주저하지 않는다.

1989년 초여름의 상황은 극적이라고밖에 말할 수 없다. 동유럽의 대변혁 속에서 이웃 나라 헝가리·체코 등에 휴가차 나와 있던 동독인들이, 귀향이 아니라 부다페스트·프라하의 서독 대사관으로 몰려가 서독행을 요구했던 것이다.

서독 TV들은 이 때부터 그 행렬을 따랐다. 즉, 이들의 탈출로를 자세히 보도하기 시작했던 것이다. 헝가리와 오스트리아의 푸른 잔디로 덮인 국경을 넘어가는 것이 얼마나 쉬운 것인가에 대해서 탈출자의 인터뷰까지 실어 보도했다.

이 보도는 동독 시청자의 안방으로 곧장 전달되었다. 동독인들의 안방은 이내 술렁거렸다.

오랫동안 여행 또는 탈출 가능성에 대해 생각하던, 또는 그런 생각을 동독 당국이 허용할 것인가에 대해 그저 마음 속으로만 끙끙대고 있던 동독인들에게 그 보도는 그야말로 희망의 메시지였다. 물론 동독 TV는 여전히 공산당 간부의 인터뷰나 방송하고 있었다.

서독 TV들은 정규 뉴스 시간 외에 기존의 기획 프로그램을 총동원하여 탈출 물결을 보도·논평·전망했다. 탈출의 물결은 홍수나 다름없었다. 서독의 TV 보도가 사건을 이끌며, 또 사건을 만들어 갔으니 어떻게 보면 '선동가'인 셈이었다.

특히 서독 TV는 탈출 물결을 단순히 동독 젊은이들의 우발적인 행동으로 보지 않고, 동독 변혁의 관점에서 논평하고 분석했다. 그러다가 클라이맥스인 라이프치히 월요일 대시위를 맞이했다.

처음 라이프치히 월요 시위는 TV 없이 진행되었다. 동독 당국이 관행대로 카메라 취재를 허용하지 않았기 때문이다. 하지만 시위 사진은 방송사로 흘러나왔다.

아마츄어가 가정용 비디오 카메라로 찍은 필름이 서독 TV 방송사로 보내졌고, 이를 받아든 방송사들은 즉각 편집한 뒤 방송했다. 이 보도는 많은 사람들을 거리로 나오게 했다.

그 후 시위 참가자들의 숫자는 기하 급수적으로 늘어났다. 10월 6일에서 12일까지 14만 명, 23일에서 29일까지 54만 명, 10월 30일에서 11월 5일까지 전국적으로 210건의 집회가 열려 135만 명이 참가했다고 동독 국가 안전부는 기록하고 있다.

이 때 화재가 난 곳에다가 기름을 끼얹는 일이 벌어졌다. 당시 조직되기 시작한 '노이에스 포름' 등 개혁 세력들이 언론에 많은 자료를 넘겨주기 시작했던 것이다. 또한 일부 동독 관료들은 급격한 변혁 속에서 재빠른 변신을 시도하기 위해 공산당의 부패에 관해 많은 자료를 TV에 제공했다.

공산당의 부패, 관료의 비리, 권력 남용, 재산의 해외 은닉 등이 매일 TV에 등장시켜 동독인들의 시선을 붙들었다. 동독인들의 환멸은 더욱 증폭되었음은 물론이다.

성난 시민들은 비밀 경찰 본부를 점거하고 공산당사를 봉쇄했다. 이것도 자세히 보도되었다.

이제 거리로 나가도 생명에 위험이 없을 뿐 아니라, 체포·구금도 없다는 사실을 TV 보도로 알게 된 동독 시민들은 너도나도 거리로 뛰어나와 궐기했다. 마침내 민주화 개혁의 외침이 동독 전역을 뒤흔들었다.

1989년 11월 9일 밤, 드디어 베를린 장벽은 무너졌다.

여행이 자유롭게 되었다는 당국자의 회견이 TV 보도로 전해지면서 동독인들은 저녁 식사를 하다 말고 서독 행렬에 끼어들었다. 상징적인 독일의 통일은 이 시간에 이루어진 셈이다.

"그날 밤 TV를 본 사람이면 어느 누구도 복받치는 자기 감정을 제대로 가눌 수 없었을 것이다."

독일인이면 누구나 감격어린 목소리로 말한다.

베를린 장벽에서 만난 동독인과 서독인은 낯선 얼굴인 것도 개의치 않고 서로 부둥켜안은 채 하나가 된 기쁨을 나누었다. 베를린 지하철은 승차권 없이 누구나 탈 수 있었고, 택시는 무료로 거리를 질주했다.

사람들은 기쁨에 못 이겨 춤을 추며 노래를 부르는 등 독일 전체가 환희의 물결로 뒤덮였다. TV 매체가 일구어 낸 감격적인 통일 혁명이었다.

63
독일 통일 후유증

당연히 예상된 것이었지만 통일은 구동독·서독인 모두에게 고통을 안겨주고 있다. 아직까지도 통일은 독일 사회 전체를 심각한 후유증에 시달리게 하고 있는 것이다.

특히 통일에 더 큰 기대를 걸었던 구동독인들이 통일 이후 더욱 심한 고통을 받고 있는 듯하다. 그리고 사실 충격적인 사건이 일어나 전세계인들이 그 실상을 똑똑히 보았던 것이다.

독일 통일이 이루어진 지 2년 후인 1992년에 바르셀로나 올림픽이 열렸다. 이 대회에서 구동독 출신인 수영 선수 다그마하세가 영예의 금메달을 땄다.

그런데 그는 TV방송 카메라 앞에서 돈 없는 구동독 선수들의 상대적인 고통을 눈물로 고발하면서 구서독인 감독을 ‘식민 통치자’라고 비난했던 것이다.

그가 서독인을 식민 통치자라고 표현한 것은 지나친 감이 없지 않으나, 많은 구동독인들이 여기에 공감하고 있는 게 사실이다. 이와 반대로 구서독인들 또한 불만을 토로한다.

"통일이 우리의 돈과 자유를 빼앗아갔다."

1995년 8월, 여론 조사 연구소 알렌스박에 의하면 독일 국민들의 약 50%만이 통일을 긍정적으로 받아들이고 있다. 그리고 약 30%는 아주 걱정스러운 태도를 보이는 것으로 밝혀졌다.

또한 엠니드 여론 조사에서는 서독인의 약 80%가 동독인을 똑같은 국민으로 생각하고 있는 반면, 동독인의 70%는 스스로를 '2등 국민'으로 생각하고 있는 것으로 나타나 있다.

게다가 통일이 옳았느냐는 질문에 동독 87%, 서독 82%가 '그렇다'라고 답변했음에도 불구하고, 73%의 동독인들은, 자신들은 통일되고 난 이후 독일의 법이 평등하지 않다는 의견을 표명했다. 그리고 법원 판결에 불만이 있다가 60%, 사회 구조가 불평등하다고 생각한다에 53%가 답변하고 있다.

이렇듯 동독인들은 통일에는 찬성했으나, 통일 후의 문제를 해결하는 방법에는 불만이 많았던 것이다.

구동독에는 이런 농담이 유행하고 있다.

"중국인의 대부분은 왜 웃고 있는가?"

"아직 만리장성이라는 장벽이 있기 때문이다."

그리고 동독인들은 이렇게 한탄한다.

"전에는 돈은 갖고 있었지만 살 물건이 없었다. 그런데 이제 살 물건은 많은데 돈이 없다."

독일 정부가 매년 동독 지역에 1,500억 달러를 퍼부으면서 부채는 천문학적으로 늘어났다. 하지만 많은 공장과 기업들이 파산하여 문을 닫고 있으며, 그 결과 국가 전체의 실업률이 12%에 달하고 있다.

이것은 1930년대 이후 최고 수치이다. 동독에서는 실업률이 15%에 달하고 있는데, 이는 정부의 고용 창출 계획에 참여하고 있는 사람들은 감안하지 않은 숫자이다.

지금도 절약과 검소한 생활을 하고 있는 서독인의 노인층은, 전쟁 후 자신들의 피와 땀으로 일으킨 경제 부흥에 동독인들이 편하게 얹혀 살고 있다고 생각하며, 이를 심히 못마땅하게 여긴다.

처음 장벽이 무너졌을 때도 갑자기 많은 동독인들이 서독 지역에 몰려오는 것을 보며 서독인들은 불쾌하게 생각했다. 이 현상은 특히 동독과 인접하는 지역에서 심했다.

서베를린의 경우, 장벽이 무너진 후로 동독인들이 서쪽으로 와서 시장을 보거나, 시립 도서관에서 책과 녹음 테이프를 빌려갔기 때문에 물자가 점점 더 부족해져 갔다. 슈퍼마켓에 그렇게 흔하던 싱싱한 과일도 갑자기 보기가 어려워졌다.

그 동안 경제적인 부를 이룩하며 차분하게 생활해 온 서독인들에게 이런 현상이 달가울 리 만무했다. 속담에도 있듯이 '잘사는 형은 못사는 동생이 반갑지 않은 법'이다.

지금도 서독인들에게는 동독 건설을 위해 가중된 세금과 민족 화합의 고통 분담으로 몇 년째 짜증스러운 상황이 계속되고 있다.

64
게으름뱅이 독일인?

‘독일인’이라고 하면 맨 먼저 떠오르는 단어가 ‘근검 절약’이다. 독일인이 부지런하고 검소하다는 데 이의를 제기할 타국민은 별로 없을 것이다.

그런데 독일의 내부 평가는 ‘독일인은 게으름뱅이’라는 것이다. 게으르다고 보는 층이 일을 시키는 입장인 경영주의 생각인지, 아니면 근로자들도 같은 생각인지, 그에 대한 답은 젖혀두고라도 요즘 독일 내에서는 ‘게르만이 게을러졌다’고 야단법석이다.

그리고 통계 숫자를 들이대며 독일인의 나태함을 증명해 보이는 사례가 부쩍 늘고 있다. 사실 서류상으로 독일인은 세계에서 노동 시간이 가장 짧고 휴가 일수는 최상위권이다.

하여튼 독일인은 제일 많이 논다. 그러니 독일인이 세계에서 일을 가장 적게 한다는 주장은 엄살이 아닌 것만은 사실이다.

여기에다 빚을 얻어서라도 자동차를 사고, 여가를 즐기고, 꾀병으로 결근까지 하는 사람이 많아 기업을 운영하기가 어렵다고 기업가들은 울상을 짓는다.

'게으름뱅이 독일인'이라는 말은 이렇게 쉴 만큼 쉬는데도 꾀병을 부려 집에서 또 쉬고 있으려 하니 문제라는 전제에서 나온 것이니 이해할 만도 하다.

전문가들은 독일인들이 복지 제도를 악용하고 있지 않은지 의심하고 있다. 독일 근로자들은 3일 병가까지는 봉급 수령에 불이익을 받지 않고 있다. 그래서 이걸 활용 못 하면 '왕따'로 취급을 받는 등 병가를 내는 것이 유행처럼 번지고 있다. 일부에서는 '70년부터 시행되어 온 이 제도를 바꾸어 뚜렷하게 아프지도 않는데 빠지면 '무노동 무임금'의 원칙을 적용해야 한다고 목소리를 높이고 있지만 역부족이다.

하지만 흥미로운 것은 이렇게 놀자판 풍조가 번지고, 꾀병 환자가 늘어서 생산에 차질이 생겼다는 아우성이 없다는 점이다. 이 점에서 외국의 전문가들은 이렇게 말한다.

"독일인의 노동 시간이 짧고 휴가가 많은 것이 문제가 아니라, 생산성과 질에서 우수함을 지적해야 한다."

그리고 독일인들이 신종 '국민 스포츠'를 즐긴다고 이제 독일도 슬슬 가라앉는구나 하고 생각하는 것 자체가 웃기는 이야기라고 입을 모은다.

사실 독일인은 노동 시간이 짧지만 주어진 시간은 완벽하게 일에만 열중한다. 일과 휴식의 선이 엄격하게 그어져 있다.

근무 시간에 사적인 통화는 생각조차 할 수 없다. 우리 나라 TV

드라마에서처럼 아내가 수시로 남편의 회사로 전화를 건다는 것을
그들은 도저히 이해할 수 없으리라.

65
졸업장보다 우대받는 자격증

독일의 직업 교육은 두 방향으로 이루어지기 때문에 이원 직업 교육이라고 불린다. 직업 교육이 실시되고 있는 일선의 작업장과 이론을 배우는 직업 학교가 각기 실기와 이론을 담당한다.

실기는 전문 기술인 자격증을 가진 '마이스터'가 책임을 진다. 학생들은 일터에서 마이스터·일반 기술자들과 한 팀이 되어 주어진 프로젝트를 수행한다. 이 과정에서 학생들 스스로 작업 준비 과정·작업 평가를 한다.

현장 실습에 병행하여 직업 학교에서는 직업에 관련된 기초 및 전문 지식을 배운다. 직업 학교 수업 시간의 3분의 1은 독일어·사회·경제·종교·체육 등의 일반 과목을 배운다. 주당 직업 학교 수업은 12시간 이상으로 규정되어 있다.

회사에서는 월 교육 급여를 지불하면서 자기 회사에서 필요한 전문 직업인을 길러내기도 한다. 직업 교육이 끝나면 학생들은 직업 교육이 실시되었던 회사에 곧바로 취직되는 경우가 대부분이다.

그 동안 작업장에서 배웠던 기술은 바로 활용되기 때문에 기업도 학생도 이익이다. 이런 관계로 독일에서는 용접공·타일공에서 굴뚝 청소하는 사람에 이르기까지 정부 기관이 입증하는 증명서를 반드시 취득해야 한다. 독일 사회에서는 졸업장이 아니라 '자격증'이 가장 우대받는 것이다.

직업 교육 기간은 업종에 따라 약간 차이가 있지만 대부분 3년이다. 현재 독일에는 373개의 업종이 국가에서 인정하는 직업 교육 과정에 포함되어 있다. 여기서 소정의 교육 기간을 마치면 자격증이 주어진다.

이 자격증은 전국에서 동일하게 인정을 받는다. 직업 교육을 마치고 3년 이상 일선에서 일을 한 사람에게는 마이스터 시험을 볼 자격이 주어진다.

마이스터는 전문 기술인 학위이다. 여러 직종이 있어서 마이스터도 물론 여러 가지이다. 최근에 독일에서도 대졸 취업난이 심각해지자 우리의 고등학교인 김나지움을 졸업한 학생들이 대학 진학을 미루고 직업 교육에 몰려들고 있다.

특히 중소 기업에서 직업을 배우는 학생들이 많아 '중소 기업은 국민의 직업 선생'이라는 말까지 있을 정도이다. 학생들이 중소 기업에서 직업 교육이 끝나면 대기업에서 이들을 많이 데려간다. 어차피 중소 기업에서 이들을 모두 받아들일 수는 없는 노릇이다.

독일에서는 어떤 직업을 가졌든 큰 불편 없이 생활을 영위할 수 있다. 그러나 그 이상의 전문 지식과 학문을 배우고 싶은 욕망이 있으면 대학에 진학해야만 한다.

대학 입학 자격증을 가진 학생은 누구나 대학에 진학할 수 있다. 김나지움에서는 자율적으로 졸업 시험을 치르는데, 성적이 일정한 수준을 넘으면 그대로 대학 입학 자격이 주어진다. 대학 입학 시험은 따로 없으며, 면접 등의 절차도 없다.

대학 역시 거의 평준화되어 있어서 학생들은 특정 대학에 가기 위해 원하지 않는 학과를 선택하지는 않는다. 학생들은 자기 적성에 맞는 과목을 어느 학교에서 전공할 것인가를 결정한 후 대학을 선택한다.

물론 지원자는 많은데 정원이 제한된 경우에는 졸업 성적을 기준으로 선발한다. 성적이 뛰어나지 못한 학생은 지망하는 학과의 자리가 날 때까지 몇 년이고 기다려야 한다. 이런 기간에 직업 교육을 받는 학생들도 많다.

대학 입학 자격증이 없을 경우 야간 고등학교에 입학하여 이 자격증을 따야 한다. 독일의 웬만한 도시에는 직장인을 위해 국가에서 운영하는 이런 학교가 반드시 있다.

이 곳에서 직장인들은 대학 입학 자격을 따기 위해 고등학교 과정을 공부한다. 기간은 보통 3~4년이 걸린다. 가정 주부 역시 학생으로 참석하는 경우를 쉽게 볼 수 있다.

66
장벽에 대한 향수

10년 전, 독일인은 누구나 이렇게 말했다.

"통일은 금세기가 독일 국민들에게 안겨다 준 최대의 선물이다."

하지만 이 선물을 받은 지 10년째인 지금 독일인들은 고맙다는 생각보다는 이 선물에 대한 부담감을 더 크게 느끼고 있다. 독일인들의 마음 속에는 아직도 허물지 못한 벽이 있는 것이다.

그 이유는 많다. 높은 실업률과 구동독 지역 도시들의 미복구, 충분치 못한 주택 시설 등의 문제로 인해 시민들의 어려움이 증대되고 있다. 게다가 지금은 물러난 콜 총리가 공약했던 '번영하는 동쪽'은 생각보다 지연되었고, 동독 지역 주민들은 하루 빨리 서독의 수준에 오르기를 기대하면서도 효율성 있게 일해야 한다는 사실에 압박감을 크게 느끼고 있다.

기업이 민영화되자 많은 서독 출신의 경영자들은 기업 내의 개혁을 강행했다. 이들은 동독인들로부터 자본주의자들은 역시 다르다는 소리를 듣는다.

민사당이 정권을 잡은 것도 동독인이 표를 몰아 주었기 때문이다.

"서독 기업은 동독 기업을 헐값으로 인수한 후 번창하여 떼돈을 벌고 있다."

민사당의 이런 주장은 동독인의 의견을 대변해 준다고 판단했기 때문에 인기가 좋았던 것이다.

현재 독일은 국가 전체의 실업률이 12%에 달하고 있다. 이것은 1930년대 이후 최고 수치이다. 특히 동독에서는 실업률이 15%에 달하고 있는데, 이는 정부의 고용 창출 계획에 참여하고 있는 사람들은 감안하지 않은 숫자이니까 실제로는 더 높을 것이다.

독일인들은 세계에서 걱정을 제일 많이 하는 민족이다. 더러는 강박 관념과 씨름하는 일이 취미 생활인 것처럼 보이기까지 한다. 그들이 한도 끝도 없이 붙들고 늘어지는 대표적인 문제는 사회 문제와 건강이다.

그들은 이 두 가지가 모두 종말을 눈앞에 두고 있기라도 한 듯 법석을 떤다. 요즈음 분위기를 알고 싶으면 내로라 하는 시사 잡지의 차례를 한 번 보는 것만으로도 충분하다.

'독일인은 거지로 전락할 것인가?', '파멸의 낭떠러지에 선 독일?', '독일 민족의 혼은 죽었는가?', 등 머릿기사들은 보통 이렇게 시작된다. 그러니 경기 침체로 초래되는 일련의 사태는 독일인들로서는 생각만 해도 끔찍한 재앙이다.

높은 실업률로 치달리고 있는 구동독 주민들 중에는 동독 시절에는 누구나 일자리를 가지고 있다고 주장하면서도 다시 옛 시절로 돌아가기를 원하는 사람들이 꽤 있다. 또한 통일이 완성되어 가고 있다고 긍정적으로 생각하는 주민들도 점차 줄어들고 있다. 앞에서도 얘기했듯이 지금 동독에는 이런 농담이 유행하고 있다.

"왜 대부분의 중국인들이 항상 웃고 있는가?"

"아직 만리장성이 있기 때문이다."

연방 정부가 매년 동독 지역에 1,500억 달러를 퍼부으면서 국가의 부채는 천문학적으로 늘어났다. 하지만 동독인들이 느끼는 압박은 생산성을 향상시키는 것도 아니고 범죄율의 증가도 아니다. 문제는 자신들이 소련이 지배하던 동유럽의 일원이 아니라, 전혀 딴 세상인 대서양과 연합된 서유럽 공동체의 일원이라는 사실을 받아들이는 것이다.

그리고 동독의 젊은이들은 제2차 세계대전 때 독일의 역할에 대해 난생 처음으로 다시 이해해야 하는 현실에 직면하고 있다. 통일 독일에서는 나치 시대 대학살의 진상을 가르치는 것이 법으로 명시되어 있다.

그러므로 학생들은 공산주의자들이 아니라, 유태인들이 여러 수용소의 희생자들이라는 사실을 갑자기 배우게 된 것이다. 그리고 미국이 이제까지 배운 대로 부패한 자본주의 쓰레기가 아니라는 것을 새삼스럽게 알아가고 있는 중인 것이다.

1997년, 연방 정부는 1년간의 논쟁 끝에 베를린 중심부, 즉 베를린 장벽이 서 있었던 지역에 관광객을 유치할 목적으로 길이 20㎞에 달하는 붉은 띠를 두를 것을 허락했다. 이것은 동베를린 시민들

에게 이 도시가 아직도 분할되어 있다는 것을 상징적으로 보여주
는 것이었다.

　언젠가 이 띠가 없어지는 날이 진정한 통일이 될 것이라고 독일
인들은 믿고 있다.

67
'3K'에서 벗어난 여성

독일 남자들은 요즈음 독일 여자들이 무시할 수 없을 만큼 힘이 세어졌다는 사실을 늘 인식하고 있다. 여성들이 전통적인 활동 영역인 '3K(kuehe : 부엌, kinder : 애보기, kirche : 교회)'를 뛰쳐나온 오늘날에는 그 덕분에 경제 생활이 윤택해졌다.

역사적으로 독일에서는 여자들이 남자들에 비해 지적으로나 영적으로나 무척 뒤떨어진 존재로 인식되어 왔다. 18세기의 함부르크에서는 교회에서 여자는 노래를 부를 수 없게 되어 있었다. 여자는 교회에서 예배만 드리는 것이지, 어떤 소리도 내어서는 안 되었던 것이다.

19세기까지도 남편을 잃은 여자들은 그들만의 힘으로 자녀를 양육할 수 있는 경우라도 반드시 자녀들을 위한 남자 후견인을 두도록 했다. 그로 하여금 과부의 노력으로 저금한 재산마저도 처분할 수 있는 권리까지 주었으니, 그야말로 '남성 만세'의 천국이었다.

우리에게도 잘 알려진 염세주의 철학자 쇼펜하우어는 점잖게 한 말씀을 하셨다.

"여자는 단지 종족을 보존하기 위해서 존재하며, 다른 어떤 것이 되어서는 안 된다."

하지만 아이러니컬하게도 그는 평생을 독신으로 보냈다.

여성의 형편이 20세기에 접어들어 향상되는가 싶더니 그게 아니었다. 만사에 끼어들기를 즐겨하는 히틀러가 이 문제에 가만히 있을 리가 있겠는가.

히틀러는 집권하기가 무섭게 여자들을 의료 및 법조계, 그리고 정부의 공무원직에서 모조리 추방했다. 그리고 사탕발림으로 결혼하여 전업 주부로 직업을 바꾸면 세금 감면과 출산 혜택을 주었다.

1960년대에 와서야 독일 여성들은 자신의 이름으로 재산을 소유할 권리를 갖게 되었다. 그리고 1970년대에 와서는 독일 여성의 의무를 '가사'로 규정한 민법권 조문이 마침내 삭제되었다.

이어 1977년에는 결혼과 이혼에 관한 문제는 남녀간의 합의로 결정하도록 법률로 정했으며, 이혼한 여성의 재산을 보호하며, 나아가 여성이 먼저 이혼을 제기할 수 있게 법률로 못박았다.

여성은 독일 경제 활동 인구의 40%를 차지한다. 이것은 프랑스·덴마크·스웨덴 등 다른 유럽 국가와 비교하면 크게 떨어지는 수준이다.

그 가장 중요한 원인은 3세 이하 어린이를 돌봐주는 사설 탁아 시설이 거의 없다시피 하기 때문이다.

독일 헌법은 첫머리인 제3조 남녀 평등의 원칙을 분명하게 못박고 있다. 하지만 현실을 보면 이것은 그저 선언적 의미를 가지는 데 불과하다는 사실이 명백히 드러난다.

그리고 독일에서도 기업과 행정 관청의 꼭대기에는 늘 남자들이 떡하니 자리를 잡고 있다. 물론 이것은 거의 전세계에서 볼 수 있는 현상이니 무조건 독일만을 탓할 일은 아니다.

하여튼 독일에서 중요한 의사 결정을 내리는 자리 가운데 여성이 점령한 것은 겨우 2%에 불과하다. 연방과 지방 의회 의원은 절반이 여성인 유권자의 투표를 통해 선출되기 때문에 여성의 점유율이 상대적으로 매우 높은 편이다.

그러나 행정 관청이나 기업의 인사권에 대해서는 여성 운동이 직접적인 영향력을 행사할 수 없기 때문에 여성이 고위직까지 진출하는 것은 그야말로 하늘의 별따기만큼이나 어렵다.

그러나 한 가지 독일이 자랑할 만한 것이 있다. 독일의 고위 관리나 경영진을 만날 때 놀라는 것 중의 하나는, 그들의 부인이 '젊은 부인'이거나, 둘째 혹은 셋째 부인이 아니라, 당사자와 비슷한 나이를 가진 여성이라는 점이다.

68
유로화 드디어 출범하다

독일을 대표하는 항공사인 루프트한자의 광고 문안에 최근 한 대목이 추가되었다.

'루프트한자는 유로화를 받을 준비가 되어 있습니다.'

기업이나 금융 기관들이 임직원의 출장용 비행기 티켓을 구입할 때 독일의 마르크화뿐만 아니라 유로화도 받겠다는 것이다.

1999년 1월 1일부터 유로화는 유럽의 기업과 금융 기관간의 결제 통화로 등장한다. 유로화 사용에 동참하는 11개국들은 이미 유로 통화권에 '유로랜드'라는 이름을 붙여놓고 있다.

"유럽 국가들이 같은 통화를 쓰게 된 것은 로마 시대 이후 처음입니다."

독일 TV의 경제 해설자들은 말끝마다 이렇듯 의미 있는 토씨를 붙이고 있다.

이미 베를린의 래디슨 SAS호텔의 객실 요금표에는 마르크화와 함께 유로화 표시 가격이 붙어 있다.

'싱글 룸 180DM(독일 마르크) / 95EUR(유로화)'

물론 다른 호텔도 마찬가지이다.

유럽의 대형 체인점들도 '99년부터 영수증에 유로화를 병행 표기하겠다는 곳이 점점 늘고 있다. 프랑스에서는 프랑화로 계산한 영수증 가격 아래 유로화가 표시되고, 이탈리아에서는 리라와 함께 유로화 가격이 계산되어 나온다.

하지만 개인들이 유로화 지폐와 동전을 지갑에 넣고 다니려면 아직 3년을 더 기다려야 한다. 3년 동안에 기업이나 금융 기관, 그리고 정부·공공 기관들 사이에서만 유로화가 사용된다.

그런데 체인점들까지 유로화를 표기하는 배경에 대해서 독일 산매점 연합회의 대변인을 이렇게 설명하고 있다.

"유로화가 도입되어도 가격이 오르거나 내리는 등의 다른 변동이 없을 것이라는 점을 소비자들에게 심어주려는 의도에서 시행하고 있습니다."

본에 있는 유럽 통합 연구소의 베른트 하이요 박사는 이렇게 분석하고 있다.

"유럽인들이 통화 통합으로 얻을 수 있는 가장 큰 소득은 아마 물가 안정일 것이다."

예를 들어 파리의 아스피린 한 알 값이 런던보다 6배가 비싸거나, 똑같은 벤츠 승용차 가격이 나라마다 다른 현상이 사라질 전망이라는 것이다.

아직도 반대 의견이 만만치 않지만 유럽 11개국의 TV에선 유로화 출범으로 축제 분위기가 무르익고 있다.

그러나 세계 각국의 경우 유로화에 대해 기대와 불안이 엇갈리고 있다. 경제 전문가들의 분석에서 가장 빈번하게 등장하는 단어가 '불확실성'이다.

일본의 경제 분석가 모리카와 히로시는 최근 AFP통신과의 회견에서 다음과 같이 말하고 있다.

"장기적으로 유로화가 세계 통화 구도에 엄청난 영향을 미칠 것이 틀림없다. 그러나 아시아 통화에 미칠 영향을 전망하기에는 현재로선 불가능하다."

유로화 출범으로 가장 큰 영향을 받을 나라는 역시 EU(유럽 연합)의 최대 교역 상대국인 미국이다. 워싱턴 소재 국제 경제 연구소의 프레드 버그스텐 소장은 다음과 같이 분석하고 있다.

"세계의 외환 거래 중 유로화 비중이 장기적으로 40%까지 올라갈 것이다."

하지만 미국 정부와 기업들은 대체로 유로를 달러에 대한 도전이라기보다는 새로운 투자 기회로 여기고 있다. 미국 재무부의 로렌스 서머스 차관은,

"유럽은 미국의 파트너이지 경쟁자가 아니다. 국제 금융 체제 속에서 달러의 상대적 지위는 언제나 해외의 변화보다는 미국 내부의 발전 여하에 더 크게 의존해 왔다. 그리고 미국 내부의 탄탄한 경제 구조, 정부의 일관된 경제 정책이 뒷받침하는 한 달러화의 우위 구조는 쉽게 무너지지 않을 것이다."

라고 낙관하고 있다. 또한 하와이 대학 교수인 데이비드 매캐인도 낙관적인 견해를 피력하고 있다.

"단일 통화의 도입으로 11개국 통화를 개별적으로 상대하면서 겪은 번잡함이 없어지는 등 교역 방식이 단순화함으로써 미국 기업의 유럽 시장 진출이 늘어날 것이다."

특히 미국의 국내 시장에 만족하지 못하고, 이머징마켓(신흥 시장)에는 불신감을 품고 있는 투자자들이 매력적인 신상품 유로의 등장에 큰 기대를 걸 것이라는 전망이다.

상대적으로 느긋해하는 미국에 비해 아시아는 위기감이 앞서는 편이다. 특히 일본은 각국의 외환 보유고에서 차지하는 엔화의 비율이 지금의 6~8%에서 유로 출범 후 더 떨어질 경우, 엔화가 국제 통화로서의 위상을 확보하기는커녕 '아시아 여러 화폐 중의 하나'로 전락하지나 않을까 우려하고 있다.

한국의 입장에서 최대의 관심사 중 하나는 국제 금융 시장에서 유로화의 파워이다. 유로화가 과연 달러만큼 강한 통화가 된다면 한국의 전략은 마땅히 수정되어야만 하기 때문이다.

예를 들어 금융 기관들이 빌려오는 외채 도입 창구나 외화의 종류도 유로화의 움직임에 따라 달라져야 하고, 달러화에 너무 편중되어 있는 외환 보유고에 유로화의 비중을 높여야 할 것이다.

국제 경제 연구소의 버그스텐 소장은 장기적으로 세계의 금융 시장에서 달러와 유로, 그리고 엔화의 비중은 4 : 4 : 2가 될 것이라고 예측하고 있다.

독일의 코메르츠 은행에서 발표한 보고서에서도,

"유로화 출범 이후 세계 통화는 양강 체제가 되고, 엔화는 조그만 역할만 하게 될 것이다."
라고 전망했다.

하여튼 국제 시장에서 유일신처럼 군림해 온 달러를 견제하려는 유럽측의 인식은 뚜렷하다. 유럽의 경제 학자들의 인식은 더욱 강하다.

"세계 최대의 외채를 안고 있는 미국 경제는 속으로 골병이 들어 있다."

그러므로 유로화가 달러를 견제할 유일한 대항이라는 것이다.

두 대륙 사이의 대결 의식은 자칫 국제 금융 시장에 그대로 반영될 수 있다. 예를 들어 유로화 출범 이후 달러와 엔 환율 및 유로 - 달러 환율이 요동칠 수 있고, 그 여파가 한국 경제를 뒤흔들 수 있다.

강자간의 싸움에 한국 같은 외채 의존도가 높은 나라들은 언제 또다시 피해자가 될 것인지 알 수 없는 셈이다. 그야말로 '고래 싸움에 새우 등 터지는' 식이 되면 하소연할 곳도 없다.

그러므로 우리는 두 눈 똑바로 뜨고 유로화의 출범을 냉정히 바라보아야 할 것이다.

참고로 '99년 1월 1일의 1유로는 1.167달러이며, 유로화의 환율은 1400원 정도이다.

※ 1유로 대 11개 화폐의 환율(1999년 1월 1일)

오스트리아	실링	13.760300
벨기에	프랑	40.33990
독일	마르크	1.95583
핀란드	마르카	5.94573
프랑스	프랑	6.55957
아일랜드	파운드	0.78756
이탈리아	리라	1936.27000
룩셈부르크	프랑	40.33990
네덜란드	길더	2.20371
스페인	페세타	166.38600
포르투갈	에스쿠도	200.48200

69
손님 노동자인가, 외국인 동료 시민인가

독일은 서로 다른 문화를 가지고 세계 각지에서 온 이민자들이 하나의 새로운 국민적 정체성을 형성하는 미국과는 다르다. 독일에 들어온 외국인 가운데 독일 국적을 취득하려고 하는 '진짜 이민자'는 극소수에 불과하다.

'손님 노동자'들은 처음부터 일정 기간 동안만 체류할 목적으로 독일에 온다. 그들은 거의 모두가, 심지어 벌써 수십 년 동안이나 체류할 경우에도 언젠가는 고국으로 돌아가려고 한다.

그래서 독일 사회의 한 귀퉁이를 점령하려는 생각은 없으며, 독일인 역시 그들이 그러리라고 생각하지 않는다.

손님 노동자 대부분은 도로 청소·쓰레기 수거·경비 업무 등 독일인들이 하지 않으려는 일을 했으며, 또한 공장 근로자로서 독일이 '라인 강의 기적'을 이루는 데 큰 몫을 했다. 물론 이들은 경제적으로는 고국에서 일할 때보다 더 나은 생활을 할 수 있었다.

하여튼 독일이 통일된 후 이 곳에서도 경기 호황은 과거의 일이 되어 버렸다. 그러나 외국인들은 계속 몰려오고 있다. 독일계 러시아 인, 러시아로 이주한 유태인, 발칸 전쟁의 난민들, 또 제3세계의 망명자들이 그들이다.

일자리를 찾을 수 없는 사람들은 정부의 구호를 요청한다. 경제지에 의하면 이들은 독일의 국고를 1년에 30억 마르크 정도 축내고 있다고 한다.

경기 불황이 계속되자 독일 정부는 이들 손님 노동자들이 본국으로 돌아가도록 유도하기 위해 애를 썼으나, 대부분이 터키 인인 700만 명의 손님 노동자들은 계속 머물러 있기를 원하고 있다. 이들 중 많은 사람들이 독일에서 30년 넘게 살아왔으며, 그들의 자녀들은 독일어만 할 수 있는 경우가 많다.

이들은 빈민가에서 그들만의 학교·가게·식당을 가지고 살아간다. 이 손님 노동자들을 뭉치게 하려는 노력이 독일인에게도, 터키인에게도 없다.

그들은 이제 공식적으로는 '외국인 동료 시민'이라고 불리지만 시민권 자격이 있는 사람은 극소수이다. 독일 의회 내에는 터키 인들을 대변할 터키 출신 국회 의원은 단 한 명도 없으며, 그들의 존재를 일반인에게 알릴 터키 출신 뉴스 앵커도 물론 없다.

이제는 일반 국민들까지 외국인을 달갑게 여기지 않는 경향이 독일을 휩쓰고 있다. 외국인들이 많이 다니는 학교에 자녀들의 입학을 꺼리는가 하면, 외국인이 많이 사는 동네를 주거지로 하는 것도 가급적이면 피하려고 한다.

독일인들의 우월감과 선입견, 그리고 외국인 스스로 독일 사회에 잘 적응하지 못하는 것이 독일인과 외국인과의 거리감을 넓히는 원인으로 작용하고 있다. 언론마저도 신나치주의자들의 불순한 행동을 보도하는 데 그리 적극적으로 나서지 않고 있다.

독일에 이민법은 없다 하더라도 외국인이 합법적으로 독일에 거주하게 되면 독일인과 거의 같은 노동 조건 및 사회 복지 혜택을 받을 수 있다. 외국인들은 아이 양육비와 병원 보험 혜택은 물론 기타 사회 복지 및 대학 등록금까지 지원을 받을 수 있으므로 다른 선진국에 비해 공정한 대우를 받고 있는 셈이다.

최근 외국인에 대한 독일 정책은 독일에 합법적 거주를 하고 있는 사람들에 대해서는 가능한 한 독일인화를 추진하는 반면에, 새로운 장기 거주 체재를 억제하는 방향으로 나가고 있다.

게다가 체류 목적 변경 역시 어렵게 되었다. 예를 들어 학생 비자로 독일에 방문한 사람은 학업이 끝나는 대로 귀국해야 한다. 따라서 목적 변경이나 비자의 연장은 불가능하게 된 것이다.

종래 유럽 연합 이외의 외국인들은 자국에 있는 직계 자녀 또는 친척을 비교적 자유스럽게 초청하여 비자를 받고 독일에서 일자리를 구할 수 있었다. 그러나 이제는 직계 자녀라도 16세 이상이면 불가능하게 되었고, 직업 알선을 목적으로 하는 친척 초청도 어렵게 되었다.

많은 외국인들이 정년까지만 일을 하고 고국으로 돌아간다고 결심하고 있지만, 독일의 거의 완벽한 사회 복지 제도를 아쉬워하여 귀국을 망설이고 있는 실정이다.

70
녹색 유토피아

오늘날 이 지구상에서 먹고 사는 데 별 걱정이 없는 나라치고 환경 문제에 맞닥뜨려 골머리를 앓지 않는 국가는 없을 것이다. 한국도 물론 예외가 아니어서 많은 환경 단체들이 환경을 깨끗이 하기 위하여 힘쓰고 있지만, 결실을 보기에는 아직 까마득하다.

독일은 환경 문제 해결에 관한 의지나 실천에서 세계 제일의 선진국이라고 할 수 있다. 정부 차원에서뿐만 아니라, 당·기업·사회·가정·학교·일반 시민들 간에 환경을 깨끗이 보존해야 한다는 공감대가 형성되어 있다.

여론 조사를 보면 독일인들이 가장 두려워하는 것이 실업 다음으로 환경 오염이다. 정치가들도 통일 문제가 아니라, 환경 문제를 거론하지 않고는 표를 얻을 수 없다.

독일의 환경 관련법은 점점 더 엄격해지고 있다. 예컨대 포장 용기는 그 물건을 만든 생산자가 수거해 가지 않으면 엄청난 벌금을 내야, 한다.

우리 나라는 과연 어떠한가? 필자의 예를 들어 보자.

필자는 학창 시절부터 골수 '막걸리파'이다. 사실 막걸리는 유구한 역사와 전통을 자랑하는 우리 민족의 국민주로, 술맛도 좋고 영양가 또한 타의 추종을 불허한다. 천하의 기재 천상병 시인은 곡기를 끊고 오로지 하루에 막걸리 3통으로 십여 년을 신선처럼 살지 않았던가.

그런데 요즘 필자는 집에서 막걸리를 마시기를 꺼린다. 바로 마시고 남은 플라스틱 병 때문이다. 그래도 소주 병은 구멍가게에 가지고 가면 주인은 못 이기는 체하고 받아주는데, 막걸리 병은 인상만 꽉 쓸 뿐이다.

쓰레기 차도 수거해 가지 않는다. 그러니 쓰레기 봉투에 넣어서 버려야 할 텐데 그게 쉽지 않다. 쓰레기 봉투값이 엄청 비싸서 막걸리값보다 더 드니 '배보다 배꼽이 더 크다'라는 속담이 저절로 머리에 떠오른다.

IMF시대에 한잔 걸치지 않으면 잠도 제대로 오지 않는데, 그놈의 플라스틱 병 때문에 독한 소주를 마셔야 하니, 한국에는 언제 독일에서 실시하는 '포장 용기 수거법'이 등장하여 막걸리파를 안심시키겠는가.

각설하고, 독일에서는 비닐 봉지를 보기가 무척 어렵다. 우리야 구멍가게에서 과자 봉지 하나를 사도 비닐 봉지에 넣어 주지만, 독일에서는 돈을 내고 사야 넣어 준다.

비닐 봉지 작은 것이 한 장에 15페니히, 큰 것은 40페니히이다.

독일인들이 아침 식사로 즐겨 먹는 브로첸이라는 빵 한 개가 15페니히니까 결코 싼 것도 아니다. 그리고 비닐 봉지를 사면 십중 팔구 핀잔을 들을 것이다.

"이것 보시오, 이 비닐 봉지를 남용하면 환경이 얼마나 썩는지 알기나 하고 사가는 것이오?"

그래서 독일인에게는 물건을 넣을 가방이나 바구니가 필수품이 된 지 오래이다. 또한 휴지나 노트가 재생 종이로 만들어진 것도 오래이다.

만약 냇가에서 세차를 했다간 벌금뿐만 아니라 철창행을 각오해야 한다. 함부르크·홀스타인에서는 거리는 물론 자기 집 정원에서의 세차가 법으로 금지되어 있다. 세차 날 지정된 장소에서만 가능한데, 그 물의 양도 차의 종류에 따라 엄격히 규제하고 있다.

이러니 모든 기업에서는 환경 보호에 적극적으로 동참하여 새로운 환경 관련 기술을 개발하고자 머리를 짠다. 기업 이미지 제고 차원에서도 이는 좋은 일이다.

그 결과 독일의 환경 기술은 세계 제일이다. 그리고 환경 보호 산업의 선두 주자로 세계 시장을 리드해 가고 있다.

그러나 뭐니 뭐니 해도 독일 환경 문제와 관련해 빼놓을 수 없는 것이 녹색당이다. 물론 현재 독일의 모든 정당이 나름대로 '녹색 프로그램'을 갖고 있지만, '녹색 아이들(이들은 결코 당이란 명칭을 쓰지 않는다)'의 독일 제도권 정당 진입은 그간 환경 오염과 복지간의 관계에 대한 정치권의 인식을 결정적으로 바꿔 놓았다.

1983년 3월 6일, 넥타이도 없이 청바지 차림으로 녹색 아이들이 독일의 ·의회에 처음 입장했을 때 기존 정당에 크나큰 충격을 던져 준 것이 이미 전설이 되어 있다.

녹색당의 원내 진입은 옷차림의 파문뿐 아니라, 1949년 이래 유지되어 온 3당 구조를 깨고, 전후 최초로 신생 정당이 원내 제4세력으로 들어왔다는 점에서 독일 정당사의 한 획을 그었다. 특히 그동안 좌파·우파식의 의회 체제에 환경 문제를 의회에 끌고 들어왔다는 점에 높은 평가를 받고 있고, 사실 그 점에서 그들은 상당한 역할을 한 것이다.

녹색당은 독일 정당사의 대사건일 뿐 아니라, 독일 환경 정책에 있어서도 획기적인 전환점이 된 셈이다. 처음 이들의 정치권 진입에 기존의 정당들은,

"웃기는 친구들이군. 이탈리아에서는 포르노 배우도 정치인이 되는 세상이니, 그것보다는 괜찮구먼."

하고 대수롭지 않게 여겼다. 그러나 10여 년이 지난 지금 독일 사회에 '녹색 유토피아'를 조성해 나가는 데 결정적인 역할을 한 것은 바로 녹색당이었다.

우선 독일 정부의 환경에 대한 시각이 크게 변했다. 특히 1986년 체르노빌 원전 사고와 스위스 산도스 제약 회사의 화재로 인한 라인 강의 오염 소동은 대기 오염과 수질 오염이 다른 나라에 심각한 영향을 미친다는 것을 보여준 인식 전환의 계기가 되었다.

이 때부터 환경이 국가의 기본적인 외교 정책 차원에서 다루어지기 시작했다. 왜냐 하면 유럽은 여러 나라가 강이나 하천을 공유하는 경우가 많기 때문이다.

현재 독일은 과거 동독 지역의 환경 오염 문제에 봉착하고 있다. 제2차 세계대전 이전의 폐수 처리 시설을 그대로 쓰고 있는 동독 지역의 정화 시설을 뜯어고치고 새로 짓는 데에만 무려 500억 마르크가 있어야 한다니, 제아무리 경제 대국 독일일지라도 보통 일이 아닐 것이다.

하여튼 독일은 모든 문제와 현안을 처리하는 데 있어 환경을 기본 전제로 하는 것이 인식의 밑바닥에 깔려 있다. 통일 이후 동독 지역을 어떻게 복구할 것이냐는 개념도 사회적 시장 경제에다 환경·생태학적으로 건강한 사회를 만든다고 독일은 못박고 있는 것이다.

다시 말해 환경이 해로우냐, 아니냐를 따지는 것이 우선 순위가 되었다는 말이다. 함부르크와 뮌헨 사이를 달리는 시속 270㎞ 초고속 열차 ICE가 당초 계획보다 지지부진한 것도 환경 영향에 대한 논란 때문이다.

자, 이야기를 딴 데로 돌려보자. 여기 1998년 12월 22일자 〈동아일보〉의 작은 기사 한 토막을 옮겨 보겠다.

시인 정현종, 소설가 박완서, 이제하 씨 등은 21일 오후 서울 종로구 누하동 환경 운동 연합 사무실에서 '영월 동강댐 건설에 대한 문학인 2백7인의 입장'이라는 성명서를 발표하고, 강원도 영월 동강댐 건설 백지화를 촉구했다.

이들은 성명을 통해 '대대로 전해져 온 산하 대지가 개발에 밀려

짧은 기간에 대규모로 파괴되는 것에 대해 우려와 안타까움과 같
은 슬픔을 느끼는 것은 비단 문학인만은 아닐 것'이라며 '무지와
탐욕이 다음 세대에게 불행을 안겨주는 일이 없기를 바라면서 동
강댐 건설 백지화를 촉구한다'고 말했다.

　신문 한 귀퉁이에 실린 이 토막 기사가 힘없는 글쟁이들의 공허
한 메아리가 되지 않기를 간절히 바라는 마음이다.

71
'Made in Germany'는 사라지는가

처음으로 'Made in Germany'가 표기된 것은 앞장에서도 밝혔듯이 영국으로의 수출품에서였다. 영국이 외국산 물품의 수입을 규제하기 위해 1887년에 제정한 원산지 표기법에 따라 독일 상품에도 원산지가 표기되기 시작한 것이다.

당시 영국은 국내 산업을 보호하기 위해 모든 외국 상품에 대해 원산지 표기를 하도록 법률로 정했는데, 특히 견제한 것이 독일 상품이었다. 이에 따라 독일은 1894년 5월부터 모든 수출 상품에 대한 독일 상품의 원산지 표기를 의무화하도록 시행한 것이다.

그러나 독일 상품의 품질이 세계적으로 인정받게 되자 오히려 전화 위복이 되어 'Made in Germany'는 지난 100여 년 동안 최고의 품질을 인정받게 되었던 것이다.

독일인의 근면성과 장인 정신이 이것으로 표기된 것이나 다름없었고, 또한 이 표기는 독일 상품의 우수성에 대한 상징으로 인정받게 된 것이다.

그런데 최근 독일 산업에 먹구름이 드리워져가고 있다. 그 중에서도 유명 상품 브랜드를 가진 대기업들이 흔들리고 있어 충격을 주고 있다. 기업이 앞으로 살아남는 데는 기술 혁신을 통한 새로운 제품의 개발이 필수적이다.

튼튼하고 안전하다는 명성이나, 오랜 전통을 자랑하는 것만으로 상품을 판매할 수 없는 노릇이다. 창의적인 신기술 없이는 도태될 수밖에 없는 것이 국제 경제의 냉혹한 현실이다.

독일의 유명 브랜드가 점차 그 명성을 상실함과 동시에, 대기업이 다국적화되어 'Made in Germany'에 부가된 상징적 의미가 퇴색하고 있다. 더구나 1996년부터 유럽 연합에 속한 국가들의 제품에 'Made in Europe'이 표기되었으므로 앞으로는 'Made in Deutz'처럼 제조업체명을 기재하는 것이 더 좋을 것이다.

런던에 본사가 있는 울프 올린스 기업 자문 연구소의 세계 주요 500개 기업체를 대상으로 설문 조사한 결과를 보면, 조사자의 60% 이상이 'Made in Germany'가 실제 구매에 아무런 영향을 주지 않는다고 응답했다.

이런 추세는 특히 유럽에서 현저하다. 다만 아시아 지역에서는 아직도 3분의 2 정도가 'Made in Germany' 표시가 긍정적인 영향을 준다고 응답했다.

하지만 독일 경영자들은 'Made in Germany' 표시가 구매 결정에 결정적인 영향을 미친다고 믿는 것으로 나타났다. 제품별로는 자동차 및 기계에서 'Made in Germany' 표시가 구매에 긍정적인 영향을 끼치는 것으로 분석되었다.

하여튼 'Made in Germany'의 명성이 사라지고 오랜 역사를 가진 기업들이 기력을 잃어가고 있으니, 경제 대국 독일의 앞날을 걱정하는 움직임이 이는 것도 당연한 일이다.

오늘날에도 독일 기업은 새로운 제품을 내놓기 전, 어떤 경우에는 제품 테스트를 극단적으로 하기도 한다. 슈투트가르트에 있는 메르스데스 벤츠 공장을 방문한 고객들은, 차의 문을 유압 장치를 이용하여 계속 세게 여닫아 마침내 문이 떨어져 나갈 때까지 검사하는 검사실을, 자랑스럽게 보여주는 것을 볼 수 있을 것이다.

담당 직공은 문을 연 횟수와 닫은 횟수를 꼼꼼하게 기록하여, 과거에 쓰던 문과 비교한 뒤, 그 어떤 부품도 견고함을 놓치지 않도록 하고 있는 것이다.

이것을 보면 'Made in Germany' 정신은 독일에서 영원히 사라지기는 어려울 것이다.

72
독일 기업의 미국행 러시

1998년 11월 17일, 독일의 다임러 벤츠 사가 미국의 크라이슬러 사를 정식으로 합병해 '다임러 크라이슬러' 사가 출범했다. 세계 자동차 업계의 두 거인의 결혼을 성사시킨 일등 공신은 새 회사의 공동 회장에 취임한 위르겐 슈렘프이다.

다임러 크라이슬러 사는 직원수 42만 8천 명으로 자동차 판매 대수에 있어서 GM·포드·도요타·폴크스바겐에 이어 세계 5위로 자리잡았다.

다임러 벤츠 사의 회장이던 슈렘프는 '98년 1월, 당시 크라이슬러 사의 회장인 로버트 슈렘프는 독일 경제계에서 '겁없는 사나이'로 통한다. 그것은 자신이 옳다고 믿는 바를 이루기 위해서는 어떠한 위험이라도 감수하는 과감한 성격 때문이다. 돌다리도 두드려 보고 걷는다는 독일인의 전형과는 사뭇 다르다.

슈렘프는 다임러 벤츠 사의 회장에 취임하자마자 간부의 75%를 비롯해 6만 3천여 명의 직원을 감원, '96년부터 회사를 적자에서 벗어나게 했다.

정비공으로 들어간 슈렘프는 거기에서 몇 해를 일하다 뒤늦게 공업 대학에 입학했다. 그리고 공대를 졸업한 뒤에 다임러 벤츠 사에 재입사했다. 이후 승승 장구해 회장 자리에까지 오른 입지전적인 인물이다.

슈렘프와 이튼은 당분간 공동 회장으로 함께 회사를 이끌고 있지만, 이튼이 은퇴하는 2001년 이후부터는 슈렘프 혼자 회사를 책임질 예정이다.

"고급 중형차 생산에 치우친 다임러 벤츠의 한계를 극복하기 위해 미니 밴과 소형 트럭에 비교 우위를 갖고 있는 크라이슬러를 합병했다. 이제 세계 최고의 자동차 회사가 될 수 있다."

슈렘프는 확신에 찬 어조로 위와 같이 공언하고 있다.

"독일 기업들이 쳐들어온다."

1998년 11월 24일, 독일 최대 상업 은행인 도이체 방크가 미국의 8위 은행인 뱅커스 트러스트 사를 97억 달러에 인수하기로 잠정 합의한 소식이 전해지자, 워싱턴의 한 미국 관리는 위와 같이 표현했다.

도이체 방크는 이번 인수로 '금융에 관한 한 우리가 최고'라고 자부하던 미국 금융계의 자존심을 누르며, 자산 규모 8천억 달러인 세계 최대의 상업 은행으로 올라서게 된다.

굵직한 독일 기업의 미국 진출은 도이체 방크가 세 번째이다. 불과 1주일 전에 다임러 벤츠 사가 미국의 크라이슬러 사를 인수 합병했고, 종합 미디어 그룹인 베르텔스만이 권위 있는 랜던 하우스를 14억 달러에 인수하면서 세계 최대의 출판사로 발돋움했다.

게다가 독일의 두 번째 상업 은행인 드레스드 방크도 미국의 4대 증권사인 페인 웨버 사를 상대로 인수 협상을 벌이는 판국이니, 미국 관리가 탄식 비슷한 말을 할 법도 하다.

그러나 미국 언론은 독일 기업의 잇단 '진출'에 다소 의외의 반응을 보이고 있다. 〈월 스트리트 저널〉 등 주요 언론들의 보도는 두려움이나 자존심 훼손보다 '독일의 기업 환경이 그 얼마나 어려우면 미국으로 넘어오겠느냐?' 하는 식이다.

뉴욕의 경영 컨설턴트들도,

'그렇지 않아도 무거운 세금과 고임금에 시달리는 독일 기업들이 콜 총리가 물러나고, 사회민주당과 녹색당의 연립 정부가 들어서면서 조세 정책을 강화한 것이 탈독일 러시를 부추기고 있다.'

라고 분석한다. 다임러 크라이슬러 사의 공동 회장으로 취임한 슈렘프도 최근에 이렇게 발언한 바 있다.

"2년 이내에 본사를 독일 슈투트가르트에서 미국 뉴욕으로 옮길지도 모른다."

그의 발언은 독일에 심각한 심리적 타격을 입혔음은 물론이다. 베르텔스만 사측도 랜덤 하우스 사의 인수를 계기로 앞으로는 사내 공식 언어를 독일어에서 영어로 바꾸겠다고 밝혀 독일 문화계에 충격을 주고 있다.

이제 독일 기업의 '미국 기업화'는 거스를 수 없는 대세로 자리

를 잡아가고 있다. 이는 〈워싱턴 포스트〉가 도이체 방크의 선임 이
코노미스트인 노버트 월터의 말을 인용한 보도에서 확연히 드러나
고 있다.

'세계 시장에서 경쟁력을 확보하기 위해서는 미국행 러시가 불가
피하다.'

73
오씨와 베씨

1989년 11월 9일, 28년간 동서독의 심장에 빗장을 질렀던 베를린 장벽이 무너지던 순간, 당시 베를린 시장은 감격에 넘쳐 외쳤다.

"지금 세상에서 가장 행복한 사람들은 우리 독일 국민입니다!"

분단의 역사를 마감하고 통일을 맞이하는 감격적인 순간에 통일을 바라는 국민이라면 정녕 억누르지 못하는 감격의 흥분 속에 자신을 맡기지 않을 수 없을 것이다.

그래서 할 수만 있으면 어디서든 선 긋기를 좋아하는 독일인에게도 베를린 장벽은 '눈엣가시'와 같았다.

하지만 통일이 되었지만 독일에서는 여전히 동독인과 서독인을 엄격하게 구분하고 있다. 즉, 구동독인을 '오씨(Ossi)', 구서독인을 '베씨(Wessis)'라고 부른다.

사실 까놓고 말하면 베씨는 엄청난 내수 시장을 탐냈고, 오씨는 함부르크나 뮌헨을 여행하거나, 스페인의 유명한 휴양지로 휴가를 가 보는 것이 소원이었다.

재통일 —— 19세기 후반, 비스마르크 시대에 처음으로 통일 국가를 이룬 독일인들은 1989년의 통일을 '재통일'이라고 부른다 —— 이 역사의 필연이라는 데는 동서가 모두 한마음이었다.

하지만 시장 매커니즘만으로는 역사적인 사건을 제대로 처리할 수 없다는 것을 그들은 미리 예방하지 못했다. 사고 방식과 사회적 관습의 차이 역시 계산서에 포함되지 않았다.

통일이 이루어진 뒤 양측의 격차는 통일을 추진한 주역들이 예측한 것보다 훨씬 심각한 양상으로 드러났다. 그래서 사람들은 베를린 장벽이 실제로는 무너졌어도 독일인의 마음 속에 오래도록 남아 있을지 모른다는 느낌을 갖게 되었다.

베씨들은 오씨들을, "게으른 엄살꾼"이라고 비난한다. 반면 오씨들은 베씨들이,

"가슴 속에 비수를 감추고 웃는 사기꾼!"
이라고 욕한다.

원래부터 그랬으니 지금도 당연히 그렇다고도 한다. 사실 두 개의 국가를 하나로 합치는 것은 결코 쉬운 일이 아니다. 특히 둘 중 하나(베씨)가 다른 하나(오씨)를 단지 개발 대상자로 취급한다면 그 후유증은 오래 갈 것이다.

통일 직후 서독 지역으로 이주해 온 동독 지역 주민 가운데 견디다 못 해 다시 고향으로 돌아가는 사람들이 많다고 한다. 왜냐 하면 수십 년 동안 계획 경제의 통제 아래 길들여져 있던 사람들이 자유 국가의 경영 방식에 적응하기 힘들었기 때문이다.

사실 오씨들은 순박하고 친절하지만, 일에 대한 의욕과 능률면에서 베씨들에 크게 뒤진다. 오씨와 베씨간의 이질감과 반목이 치유되고 동질감이 회복되어야 진정한 독일 통일이 완성될 것이다.

74
잿더미에서 일어나다

제2차 세계대전은 인류 역사상 최대의 살인 소동이었다. 그처럼 단시간에 그처럼 막대한 비용을 들여 그처럼 많은 인간이 살육된 적은 일찍이 없었다.

전쟁이 끝나자 세계는 히틀러와 나치스에 대해 지불한 대가가 어느 정도인가를 계산해 보아야 했다. 전쟁이 계속된 6년 동안에 징병 연령에 속하는 남자 1,700만 명이 전사했고, 1,800만 명의 비전투원이 전쟁에 의해 목숨을 잃었다.

그리고 유태인을 비롯한 여러 민족 1,200만 명이 학살되었다.

1933년에 '하일 히틀러'를 외친 독일인은 이제 그들의 죽은 자를 슬픔에 싸여 헤아리고 있었다. 전투에서 죽은 자가 325만 명, 비전투원으로 사망한 사람은 335만 명, 그리고 부상자가 약 500만 명에 이르렀다.

2,000만 호였던 건물 중에서 700만 호는 완전히 파괴되었거나 크

게 파손되었다. 경작지의 대부분은 폐허로 변했다. 히틀러의 독재는 끝났지만 전쟁을 치른 대가는 실로 참혹한 것이었다. 그러니 패전 국민의 꼴이 말이 아닌 것은 불문가지였다.

1948년의 신문 기사를 보면 슈투트가르트 시에서는 5명에 1명, 즉 20%의 시민이 아침을 굶고 일하러 나간다고 했다. 루르 지방에서는 다리 공사장에서 일하는 노동자들을 집으로 돌려보내야만 했다. 영양 실조로 현기증이 난 사람이 다리 아래로 추락할 위험이 있었기 때문이다.

에센 지방의 노동자들은 주 48시간의 근로 시간을 41시간으로 부득이 줄여야 했다. 영양 부족으로 사람들이 더 이상 일을 할 힘이 없어서였다.

기근이 심하여 당시 연합군 사령부는 상인이나 농부들의 창고를 뒤져서 숨겨놓은 곡식을 찾는 일에 분주했다. 어디서, 무엇을, 어떻게 해야 할지 도무지 막막한 날들이었다.

'독일은 매우 혼란스럽다. 이 현실을 직접 눈으로 보지 않는 한 그 누구도 참상을 믿지 않을 것이다.'

당시의 참상을 보도한 신문 기사의 한 구절이다.

그 곳에서 라인 강의 기적이 일어났다. 독일 민족의 근면함·책임감·용기의 힘이 발휘된 결과이다.

그들은 누구나 자신이 맡은바 일을 수행하는 데 최선을 다 했다. 그리고 여기에 미국의 'ERP'가 큰 몫을 했다.

ERP는 '유럽 회복 프로그램(European Recovery Program)'의 약자로, 일명 '마샬 플랜'으로 더 알려져 있다. 이것은 미국이 세계

대전으로 폐허가 된 유럽을 다시 재건하기 위해 1947년에 만든 정책이다. 당시 미국의 국무장관 조지 마샬이 하버드 대학에서 이 정책에 관해 강연함으로써 유명해졌다. '마샬 플랜'으로 다른 유럽 국가들은 무상으로 원조를 받았지만, 독일만은 크레디트로 총 33억 달러를 지원받았다.

그 후 1953년 런던 채무 협정에 따라 10억 달러만 상환하기로 약정되었다. 독일은 이 빚을 1966년에 이르러 모두 청산하였다. 그리고 이 '마샬 플랜'은 독일 경제를 부흥시키는 데 원동력이 되었다는 평가를 받고 있다.

인간의 마음을 탐구하는 총서

선영심리학신서

1 프로이트심리학 해설

마음의 행로를 찾아나서는 이들을 위하여, 인간과 그 심리 세계를 탐구하려는 이들을 위하여 인간심리의 틀을 밝혀 주는 프로이트심리학의 해설서.

인간이 인간답게 살아갈 수 있도록, 심리학에 입문할 수 있도록 인도하는 최고의 해설서.

INTERPRETING FREUD PSYCHOLOGY
S. 프로이트 / C.S. 홀

2 융 심리학 해설

인간의식의 뿌리를 찾아서 아득한 무의식의 세계까지 탐색하고, 그 심대한 체계를 세운 융 사상의 깊이와 요체를 밝혀 주는 해설서. 무의식의 세계까지 헤아리는 융 심리학의 인간생활에서의 실제와 응용을 설명해 주는 정신세계에 대한 최고의 입문 참고서.

INTERPRETING JUNG PSYCHOLOGY
C.S. 홀 / J. 야코비

3 무의식분석

프로이트의 「정신분석 입문」과 쌍벽을 이루며, 또 그것을 능가하는 폭과 깊이를 담고 있는 융의 '무의식의 심리'에 관한 최고의 해설서.

인간의 정신세계의 연구에 있어서 끝없는 시야를 제시하는 그리고 미지의 무의식 세계를 개발하려는 융심리학의 핵심 해설서.

ANALYSIS OF UNCONSCIOUSNESS
C.G. 융

4 프로이트심리학 비판

인간의 정신세계의 틀을 제시하는 프로이트 사상의 근거와 사회적 영향을 검토하고 검증하려는 비판서.

이 책을 통하여 우리는 프로이트심리학의 출발과 실제와 한계를 생각할 수 있다. 우리가 프로이트심리학에 무엇을 기대하며 무엇을 문제시해야 할 것인가를 말해주는해설서.

CRITICISM FREUD PSYCHOLOGY
H. 마르쿠제 / E. 프롬

5 아들러심리학 해설

프로이트 본능심리학 및 융의 분석심리학과 함께 꼭 주지되어야 하는 것이 아들러의 개인심리학이라고 할 때 그 개인심리학이 논구하여 설명하려는 개개인의 의식세계를 또 다른 시각으로 설파해 주는 해설서.

개인 의식세계에 대한 간결하고도 이해하기 쉬운 참고서.

WHAT LIFE SHOULD MEAN TO YOU
A. 아들러 / H. 오글러

6 정신분석과 유물론

인간의 정신을 의식·무의식의 메카니즘으로 파악하는 프로이트사상과 철저한 일원론적 자세로 설명하는 마르크스 사상이 어떻게 영합하며, 어떻게 상반되며, 그리고 무엇을 문제로 빚는가를 사회사상사적입장에서 논한, 우리시대 최대의 관심사에 관한 해설서.

PSYCHOANALYSIS AND MATERIALISM
E. 프롬 / R. 오스본

7 인간의 마음 무엇이문제인가? (Ⅰ)

현대 정신의학의 거장 K. 메닝거 박사가 이야기형식으로 밝혀주는 인간심리의 미로, 그 행로의 이상(異常)과 극복의 메시지. 소외와 불안과 갈등과 알력과 스트레스 속에서 온갖 마음의 문제를 안고 사는 모든 이들의 자아발견과 자기확인과 정신건강을 위한 일상의 지침서.

THE HUMAN MIND (Ⅰ)
K. 메닝거

8 인간의 마음 무엇이문제인가? (Ⅱ)

제1권에 이어 관능편·실용편·철학편 등이 실려 있는 K.메닝거박사의 정신의학 명저.

필연적으로 약점과 결점을 지닐 수 밖에 없는 인간의 마음에서 빚어지는 갖가지 정신적 문제들에 대처할 수 있는 메닝거식(式) 퇴치법이 수록되어 있다.

THE HUMAN MIND (Ⅱ)
K. 메닝거

9 정신분석 입문

노이로제 이론에 있어서 새로운 영역을 개척함과 아울러 거기서 획득할 수 있는 놀라운 입장과 견해를 프로이트는 스물 여덟 번의 강의에서 총망라해 다루고 있다. 인간의 외부생활과 내부생활의 부조화로 인해 빚어지는 갖가지 문제점들을 경이롭게 파헤친 정신분석의 정통 입문서.

VORLESUNGEN ZUR EINFÜHRUNG IN DIE PSYCHOANALYSIS
S. 프로이트

10 꿈의 해석

꿈이란 어떤 형태의 것이든 욕구 충족의 수단이며, 꿈을 꾸는 사람은 그 자신이면서도 현실의 자기 자신과는 완전히 단절되어 있다는 꿈의 '비논리적'성질을 예리하게 갈파해 주는 꿈 해석 이론의 핵심 이론서.

DIE TRAUMDEUTUNG
S. 프로이트

************* 자신있게 권합니다./ *************

☑ **선영사**가 가장 자랑하는 양서 **선영심리학신서**는 기초심리학의 정수만을 엄선해서 편역한 알기쉬운 심리학서로서, 독자 여러분의 지적 만족과 정신문제 해결에 도움이 될 것입니다.

카네기 인생론

삶에 대한 모든 물음은 우리 스스로 체득할 수밖에 없을 것이다.

삶에 대한 어떤 설명도 우리 자신의 삶에 지침이 되기에는 어렵기 때문이다.

이 책은 막연한 설명이 아니라 구체적인 제시를 한다.

우리가 어디에서나 부딪히는 삶의 현장에서 함께 이야기하고자 하기 때문이다.

카네기 출세론

이 세상을 살면서 주어진 삶에 충실하다는 것은 모든 이들의 소망이다.

그리고 가능한 모든 일을 이루어 낸다는 것은 유능한 사람들의 의무이다.

이 책은 유능한 사람들이 나아가야 할 바를 참으로 절실하게 제시해 주고 있다.

또 유능해지고자 하는 모든 이들의 삶을 위하여 봉사하고자 하고 있다.

카네기 지도론

참다운 지도는 함께 나아가는 것이다. 무엇을 제시하거나 지시하기 전에 피지도자가 무엇을 하고자 하는가, 무엇을 할 수 있는가를 알아서 그것을 이끌어주고, 또 그것이 이루어지도록 함께 노력하는 것이다.

이 책은 무엇이 참다운 지도인가를, 즉 어떻게 함께 나아갈 것인가를 그려내 보여주고 있다.

카네기 대화술

올바른 언어의 선택은 의사소통을 보다 원활하게 한다. 훌륭한 대화는 인간행위의 가장 승화된 형태라고 할 것이다.

이 책은 청중을 향하여 효과적으로 이야기하는 방법이 제시되어 있으며, 화술 훈련에 임하면서 경험한 실례를 중심으로 쓰여졌다.

현재를 출발점으로 당신은 효과적인 화술 방법을 통해 자신의 무한한 능력을 깨닫게 될 것이다.

카네기 처세론

최고의 처세라는 것은 우선 최선의 목표를 정하고 그 성취에 이르는 길을 갈고 닦는 것이다. 거기에다 자기를 세우고, 삶을 키워내고, 세상을 이끌어 갈 수 있는 힘을 닦는 것이다.

이 책은 거기에 있는 불후불굴의 조언을 새겨주고 있다.

카네기 자서전

노동자들은 온정에 보답하려는 깨끗한 마음을 갖고 있다. 적어도 진실로써 다른 사람을 대하고 어떤 문제가 발생했을 때 성의를 다해서 전력한다면 그들이 사용자에게 어떻게 대할 것인가 하는 염려 같은 것은 전혀 할 필요가 없다. 그러므로 덕은 외롭지 않다. 덕을 베풀면 반드시 그에 대한 결과가 있기 때문이다. 그리고 사업에 성공할 수 있는 가장 큰 원인은 완전한 계산을 통하여 금전과 자재 등의 책임을 충분히 인식시키는데 있다

신념의 마력

인간은 마음 먹기에 따라서 세상의 모습을 바꾸어 놓을 수 있다.

인간이 지닌 많은 힘 가운데 가장 큰 힘이 마음의 힘인 것이다.

신념은 일상생활을 통하여 우리의 이상을 그려낼 수 있는 강한 추진력이다.

이 추진력을 바탕으로 우리는 우리의 생활을 삶을 뜻대로 이루어 갈 수 있는 것이다.

정상에서 만납시다

미국의 유명한 저술가이며 자기개발 성공학의 권위자인 지그지글라가 진정한 성공에 다다를 수 있는 가장 빠른 방법을 제시하고 있다.

29년에 걸친 판매 경험과 인간개발 경험을 살려 각계 각층에서 활약하고 있는 최고 전문가들의 성공철학을 파악, 여섯 단계로 그 비결을 밝혔다.

머피의 마음만 먹으면 당신도 부자가 된다

당신이 만약 풍족하지 않다면 행복하고 만족한 생활을 결코 영위할 수 없을 것이다. 여기에 풍족한 삶을 누리기 위한 과학적인 방법이 있다. 당신이 성공과 행복과 번영이라는 달콤한 과일을 얻고 싶다면, 이 책에서 이야기하는 것을 정확하게 되풀이해 배우라. 그러면 당신의 앞날을 보다 아름답고, 보다 행복하고, 보다 풍족하고, 보다 고귀하고, 보다 웅장하고 큰 규모로 펼쳐질 것이다.

머피의 잠자면서 성공한다

머피의 이론을 바탕으로 하면 자기가 바라는 바 지위나 돈을 어떻게 얻을 것인가, 또는 우호적인 인간관계를 어떻게 실현할 것인가를 터득할 수 있다. 따라서 이 책에 명시된 대로 따르기만 하면 당신은 인생 전반에 걸쳐 기적적인 효과를 얻을 수 있다.

머피의 인생을 마음대로 바꾼다

이 책 속에는 당신의 인생을 변하게 하는 마법과도 같은 방법이 제시되어 있다. 다시 말해 기적이라고 할 만한 이야기들이 가득 차 있다. 당신의 마음속에 내재되어 있는 마법과도 같은 잠재의식을 어떻게 사용해야만 당신이 인생에서 성공할 수 있는지, 흥미진진한 실례들을 통해 상세하게 알려주고 있다.

오사카 상인의 지독한 돈벌기 76가지 방법

오사카 상인의 13대 후손이며 미쓰비시 은행의 상무를 역임한 저자가 오늘날 일본 경제를 일군 오사카 상인들의 정신을 분석 수록했다. 무일푼으로 출발하여 그들만의 돈벌이 노하우와 끈질긴 생존능력, 아이디어를 바탕으로 세계적으로 유명한 유태상인과 어깨를 겨룰만큼 성장한 오사카 상인들의 경영 비법을 바탕으로 부와 성공을 이룰 수 있는 방법이 자세히 제시되어 있다.

머피의 승리의 길은 열린다

당신은 이 책에서, '인생은 마음먹기에 따라 달라진다'는 평범한 진리가 당신의 인생에 있어서 얼마나 중요한가를 실감하게 될 것이다. 이 책에 제시된 인생의 법칙을 읽고 그것을 당신의 인생에 응용하면, 당신은 당신의 인생을 건강하고 즐겁게, 그리고 유익하고 성공적으로 가꿀 수 있는 힘을 얻게 될 것이다.

중국 상인의 성공하는 가질 74가지

미국, 일본의 뒤를 이어 세계 3대 경제대국으로 뛰어오른 중국의 숨은 잠재력, 서서히 일본의 경제를 위협하는 존재로까지 급부상한 그들에게 끈질긴 생명력과 강력한 경제력을 지닌 화교 사회는 중국 대륙의 비밀 병기였다.

그들이 성공하기까지 철저히 지켜지는 상인 정신의 기본 자세를 배워 현재의 어려움을 극복하는 지혜를 배운다.

머피의 인생에 기적을 일으킨다

마음의 힘에 관해서는 많은 책 속에 여러 가지로 쓰여 있으나, 이 책에서는 당신의 모든 생활을 변환하기 위하여 이 힘을 어떻게 이용할 것인가, 건설적이며 성공할 수 있는 사고방식, 그리고 자신의 생활을 보다 풍족히 할 수 있는 방법 등을 기록했다.

유태상인의 지독한 돈벌기 74가지 방법

유태인들은 화교와 함께 세계 제일의 상인으로 손꼽히고 있다.

그것은 2천 년 동안 국가도 없이 흩어져 살면서 수없이 쏟아지는 박해와 압박을 견디며 일군 끈질긴 민족성의 승리였다. 그들은 열악한 환경 속에서도 자신들만의 독특한 상술을 발휘하여 오늘날 세계 경제를 좌지우지하는 지위에까지 오르게 된 것이다.

머피의 100가지 성공법칙

인생에서 성공한 사람들을 보면 하나같이 이 잠재의식의 법칙을 실천했던 사람들이다. 만일 당신이 지금 충분히 행복하지 않고, 충분히 부유하지 않으면, 충분히 성공하지 못했다면 그것은 당신이 잠재의식을 충분히 이용하지 못하기 때문이다. 이 책에는 당신이 가고자 하는 성공의 길, 부자가 되는 길, 인생을 한껏 즐길 수 있는 기술이 감추어져 있다.

임어당의 웃음

우리의 심리적 소질 가운데는 진보와 개혁을 저해하는 어떤 요소가 존재하고 있다. 즉 모든 이상을 웃어넘기고 죄악 그 자체조차 인생의 필요한 부분으로 미소로서 바라보는 유머임을 발견한다.

중국인의 특성의 장점과 단점이 흥미진진한 소재와 감동적인 문체로 전해지는 임어당 문학의 진수!

오늘 같은 내일은 없다

동화 속 샘처럼 맑은 영혼을 가진 헤세가 열에 들뜬 내 눈동자에 가까이다가와 옛 노래의 추억을 속사여 줍니다.

가장 달콤하고 이상적인 충고, 세월이 흐른 지금도 그의 이야기는 멋진 동화책처럼 우리들 앞에 펼쳐져 생생하게 될살아납니다.

인디언 우화

동물과 인간의 구분도 없고 쟁물과 무생물도 구별 할 줄 모르는 그래서 어쩌면 첨단을 달리는 현대과학의 분위기와 맛을 그대로 간직한 채 우주 속에서 살았던 북아메리카 인디언들의 이야기들은 오늘날 잊혀져버린 인간의식의 고향을 찾을 수 있는 오솔길이 될 것이다.

주역 원론

1. 시간과 공간

공자가 평생을 두고 연구했던 주역의 신비가 오늘날에 와서 차츰 풀리고 있는 중이다. 이는 주역에 대한 인류의 관심이 증대된 데 기인하지만, 실은 20세기에 들어서서 인류의 지성이 발전했기 때문일 뿐이다. 인류는 이제서야 주역을 이해하기 시작했다.

주역에는 오늘날 인류의 첨단 과학인 양자 역학·위상 수학·카오스 이론·프렉탈, 카타스트로피·생명 창발 등 모든 것이 들어있으며, 우주의 시작과 끝, 그리고 그 과정을 낱낱이 설명하고 있다. 이로써 신의 섭리를 엿볼 수 있을 것이다.

20세기 최대의 과학자인 아인슈타인은 그의 과학적 원리의 핵심을 주역에서 얻었고, 양자 역학의 창시자인 닐스 보어도 그 원리를 주역에서 얻었다. 먼 옛날, 신출 귀몰했던 제갈공명도 그의 위대한 병법 원리를 바로 주역을 통해 깨달을 수 있었던 것이다. 주역을 알면 귀신도 부릴 수 있다는 말이 있는데, 어찌 귀신 뿐이겠는가. 주역의 섭리에 따라 인간이 앞서면 하늘도 이를 어기지 않는 법이다.

2. 질서와 혼돈

시간이라는 존재는 인류의 최대 관심사가 아닐 수 없다. 시간의 세계는 공간의 세계처럼 망원경 등으로 내다볼 수 없는 신비의 영역인바, 이러한 세계를 다루는 것이 주역이다. 주역은 당초 시간의 비밀을 풀어 인류의 생활에 이바지하도록 만들어진 것이다.

주역을 이해하기 위해서는 발달된 과학적 지성이 절대로 필요하다. 이로써 시간의 비밀은 그 모습을 드러낼 것이다. 과학적으로 바르게 규명된 주역이 인류 발전에 크게 이바지할 것은 더 말할 나위가 없다. 주역은 원자 문명만큼이나 인류에게 중요한 학문인 것이다. 그것은 바로 시간의 문제이기 때문이다. 앞으로 인류는 시간을 이해하고 정복해야 한다. 시간을 이해하는 데에는 주역만큼 심오한 학문이 없다.

인류는 주역을 통해 시간을 정복할 것이다. 과학자인 닐스 보어는 노벨 물리학상을 타는 자리에 8괘 무늬의 옷을 입고 등장했는데, 그는 자연의 모든 법칙이 주역에서 나온다는 것을 알았던 것이다. 만일 초문명을 가진 우주인이 등장한다 하더라도 그들의 문명 원리는 반드시 주역의 원리와 합치할 것이다.

3. 자연의 대조직

주역이 만들어진 지는 실로 7천 년이나 된다. 그 당시 인류는 글자도 없었고, 농사도 지을 줄 몰랐으며, 집도 없이 동굴이나 숲에 살았었다. 이러한 시대에 돌연 주역이 등장했던 것이다.

주역에는 온 우주의 원리와 성인의 섭리, 초자연의 비밀이 담겨 있는데, 이 같은 신의 지혜가 인간에게 다급히 전해진 까닭은 무엇일까?

우리는 인류와 우주에 있어 우선 이 까닭을 규명하여야 할 것이다. 주역은 하늘이 내린 것인지 성인이 만들었는지, 또는 초문명의 우주인이 남겨둔 것인지 증명할 수는 없다. 하지만 우리 앞에 일찍이 출현한 주역은 엄청난 내용을 전개하고 있다. 그것은 과학의 극한을 넘어서 있으며 인간을 초월하여 신의 세계를 깨닫게 한다. 주역은 하늘이 인간에게 베푼 최대의 은혜가 아닐 수 없다.

인간은 주역의 지혜를 획득하여 영원한 세계를 보다 행복하고 안전하게 살아갈 수 있을 것이다.

4. 신의 지혜

아인슈타인은 언젠가 인류의 지혜가 좀더 발전한다면 시간의 미래를 완전히 알 수 있는 해법을 찾을 수 있을 것이라고 생각했다. 하지만 이미 수천 년 전에 그러한 해법이 존재했던 것이다. 주역이 바로 그것이다. 오늘날 인류는 주역의 지혜를 통해 시간의 미래를 예측하는 것이 가능한 시점에 이르고 있다. 만일 현대의 초고속 슈퍼 컴퓨터의 기능과, 주역의 이론이 합쳐진다면 일기 예보처럼 사건 예보가 이루어질 수 있을 것이다. 물론 주역의 이론이 당장 시간의 미래를 세세하게 예보하는 데 이르지 않는다 해도 주역이 갖는 광대한 지혜는 인류의 복지를 크게 증진시킬 것이 틀림없다.

현대에 와서 세계의 많은 과학자들이 주역의 연구에 몰두하는 것은 실은 이러한 배경이 있는 것이다. 이는 인류의 급격한 지성 발달을 위해 크게 바람직한 일이 아닐 수 없다. 다만 애석한 일이 있다면 오늘날 우리 나라의 경우 주역의 과학적 연구가 이루어지고 있지 않다는 것이다. 이러한 상황에서 본 저서는 우리 나라의 주역 과학 발전에 원동력을 제공해 줄 것이라고 믿는다.

5. 사물의 운명

인류의 문명에는 수많은 신비가 있다. 피라미드를 필두로 해서 스핑크스·모아이·잉카제국·만리장성 등등이 그것이다. 그런데 그것들은 모두 건축물에 국한되어 있다. 인류에게 건축물 말고 다른 신비는 없단 말인가. 결코 그렇지 않다. 신비란 원래 물질보다는 정신에 존재하는 법이다. 그렇다고 할 때 인류의 모든 신비를 통틀어 주역에 필적할 만한 것이 없다. 주역의 섭리는 성인의 지혜나 과학자의 지혜를 능가하고 있는 것이다.

신이 우주를 창조했다 하더라도 그 원리는 주역의 법칙을 넘어서지 않는다. 실로 주역은 자연의 모든 비밀을 함유하고 있는바, 이를 떠나서 더한 신비는 있을 수 없다. 인류는 5천 년간이나 주역의 깊은 비밀을 모르고 있었지만 이제서야 그것이 풀리고 있다.

이 책은 현대의 첨단 과학을 통해 주역의 신비를 파헤치고 있다.

6. 무한을 넘어서

오늘날 인류는 물질의 궁극에 도전하고 있는 중이다. 이는 우주가 어떻게 만들어져 있는지, 또한 그 안에 있는 물질의 구조가 어떻게 되어 있는가를 완전히 파헤치려는 것이다. 그렇게 되면 우주 자연의 비밀이 모두 풀리게 되는 것일까? 실은 그렇지 않다.

우리가 사는 이 세계는 물질뿐 아니라 초물질·생명·영혼·세계이전, 시공의 끝, 초법칙 등 알 수 없는 신비로 가득 차 있다.

인류는 아직 이러한 영역에 발을 들여놓지 못하고 있는 것이다. 하지만 주역은 오천 년 전부터 이미 자연과 초자연의 모든 비밀을 간직하고 있었다.

인류는 주역을 통해 극한적인 지혜를 습득할 수 있을 것이다. 우리가 사는 세계에 주역이 있다는 것은 하늘의 더할 수 없는 축복이다.

6권/옥황부의 긴급사태

건영이는 하루가 다르게 도를 깨우치고 혼마 강리도 극강의 힘을 얻기 위해 땅벌파를 동원해 여체를 찾아 나선다. 그들은 드디어 무척 날쌔며 힘이 장사인 미친 여자를 만난다. 그러나 혼마는 뒤쫓던 좌설과 능인의 일격을 당해 중상을 입는다. 이 결투로 능인도 목숨을 잃을 위기를 당하지만 때마침 천계에서 건영이를 만나러 내려온 염라대왕의 도움으로 살아난다.

7권/여인의 숭고한 질투

빗자루 괴인은 마침내 정마을로 쳐들어오고 이를 미리 알아챈 건영이는 마을 사람들을 산으로 대피시킨다. 건영이는 염파를 보내 괴인을 자신에게로 이끌어 전생에 역성 정우였음을 밝히며 주역에 대해 문답을 나누어 위기를 넘긴다. 한숨 돌린 건영이는 또다시 천계에서 내려온 염라대왕을 만나 우주의 이변에 대해 상세히 진단을 내려준다.

8권/기습당한 옥황상제

좌설과의 결투로 중상을 당한 혼마 강리는 거지 무덕의 덕으로 목숨을 구했을 뿐만 아니라 극강의 힘을 향해 치달렸다. 이에 강리는 조합장측에 도움을 주고 있는 정마을의 위치를 알아내 단번에 섬멸해 버리기 위해 땅벌파들을 지방으로 내려 보낸다. 한편 정마을의 남씨는 전생에 천계에서 친구였던 수지선의 방문을 받는다.

9권/다가오는 정마을의 위기

풍곡선은 평허선공의 추적을 뿌리치기 위해 옥황부의 특사가 되어 요녀들이 들끓는 단정궁으로 향한다. 평허선공은 염라전에 나타나 염라대왕과 일전을 벌이는데 ……. 지상의 혼마 강리는 드디어 무덕의 신통력으로 극강의 힘을 얻고 정마을을 정복하기 위해 땅벌파와 함께 춘천으로 떠난다.

10권/슬픈 운명

정마을로 침투하려던 강리 앞에 수지선이 나타나 결투를 벌인다. 극강의 힘을 발출하며 강물 위에서까지 혈투를 벌인 끝에 강리가 생을 마감하여 바람처럼 사라져 버린다. 한편 천계에서는 평허선공의 사주를 받은 동화궁의 선인들이 옥황부로 쳐들어가고, 살상은 계속되었다. 지상과 천계의 이변을 수습할 방법은 없는 것일까? 그리고 단정궁으로 떠난 풍곡선의 운명은 …….

주역 김승호●대하소설

1권/연진인의 천명재판

세상과는 멀리 떨어진 깊은 산, 범상한 신통력과 전생을 간직한 사람들의 마을, 지존한 신선들의 은밀한 행보는 지상으로 향하고, 정마을은 상상조차 할 수 없었던 기이한 사건의 소용돌이 속으로 휘말려 드는데……. 연이은 긴박한 사건 속에 속세에서 폭력에 맞섰던 한 사나이가 정마을로 숨어든다.

2권/평허선공, 염라전에 들다

정마을 촌장의 기이한 행적으로 인한 의문은 쌓여만 가고, 건영이의 신비한 힘이 주역을 통해서 서서히 드러난다. 이 때 천계에서는 우주의 이상현상에 대한 답을 구하기 위해 특사가 파견되지만 요녀들의 방해로 죽임을 당해 뜻을 이루지 못한다. 한편 정마을을 떠난 촌장 풍곡선은 천계에서 심문을 받고 …….

3권/ 종잡을 수 없는 천지의 운행

천계에서 서선 연행였던 전생의 기억을 회복한 남씨는 숙영이 어머니와의 이루지 못한 슬픈 사랑에 가슴 아파한다. 우주의 이상현상의 하나로 나타난 혼마 강리는 정마을 사람들을 위협하고, 천계의 대선관 소지선은 평허선공을 피해 하계로 숨어 버린다.

4권/단정궁의 중요 회의

우주의 혼란을 바로잡을 방법을 구하기 위해 단정궁에 파견된 특사는 아리따운 총관 본유의 유혹에 넘어가 정력을 소진한 채 자멸하고 만다. 한편 지상에 나타난 혼마 강리는 땅벌파에게 무술을 가르쳐 세상을 지배하려 한다. 그러나 풍곡선의 부탁을 받아 그를 뒤쫓던 검의 명수 좌설과 일전을 치르는데 …….

5권/선혈로 물든 인연의 늪

정마을 주변에서는 또 한번의 기이한 일이 발생한다. 빗자루를 든 괴노인이 나타나 닥치는 대로 사람을 죽이고 서울로 향하는 인규를 위협한다. 정마을이 지원하는 깡패 집단인 조합장측과 혼마 강리가 지원하는 땅벌파 간의 오랜 이권 다툼 끝에 드디어 협상이 이루어져 새로운 전기가 마련된다. 천계에서는 동화궁과 남선부 간에 전쟁이 일어나 아수라장이 되어 버린다.

협약에
의하여
인지를
생략함

독일 상인의 성공하는 기질 74가지 방법

1999년 6월 10일 1판 1쇄 인쇄
1999년 6월 20일 1판 1쇄 발행

지은이/미래경제연구회 김정우
펴낸이/김영길
펴낸곳/도서출판 선영사
본사/부산시 중구 중앙동 4가 37-11
전화/(051)247-8806
서울사무소/서울시 마포구 서교동 485-14 영진빌딩 1층
전화/(02)338-8231,
(02)338-8232
팩시밀리/(02)338-8233
등록/1983년 6월29일 제 카1-51호

ⓒ Korea Sun-Young Publishing Co., 1999
잘못된 책은 바꾸어 드립니다.

ISBN 89-7558-320-1   03320

Sun Young Publishing Co.

선영사

Sun Young Publishing Co.